人間福祉とケアの世界

人間関係／人間の生活と生存

小池妙子　山岸　健　編著

中川　秀恭　佐藤富士子　是枝　祥子

丹野真紀子　藏野ともみ

三和書籍

人間学を学び取る

大妻コタカ

オーギュスト・ルノワール 「ムーラン＝ド＝ラ＝ギャレット」 1876年　オルセー美術館

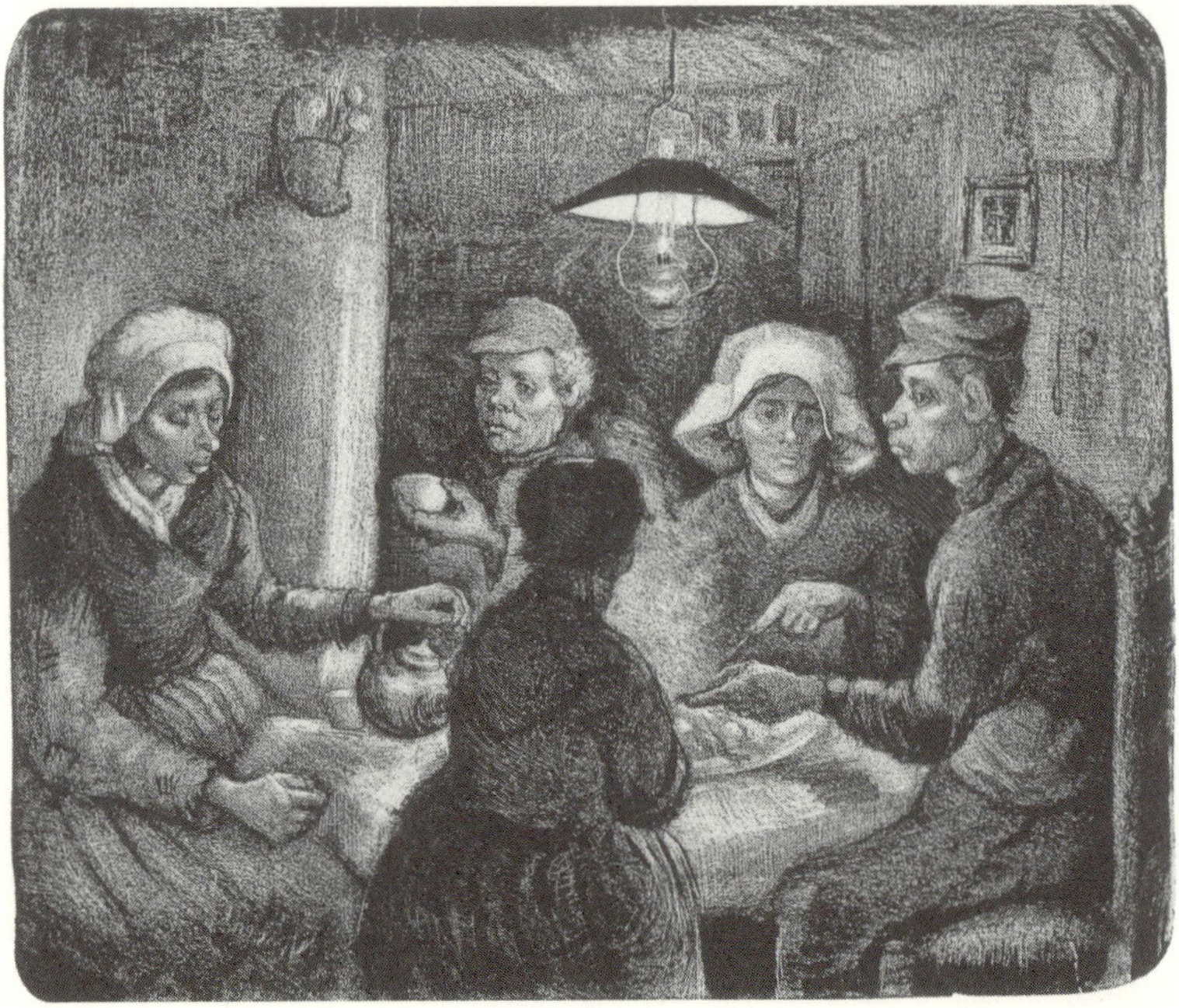

フィンセント・ファン・ゴッホ「じゃがいもを食べる人びと」1885年　クレラ＝ミュラー美術館

はじめに

現代は、人びとそれぞれの人生の一日、一日と日常生活において、〈福祉〉が、重要な課題としてクローズ・アップされてきているような時代である。〈福祉〉は、あくまでも実践的で現実的だが、人間福祉、介護福祉、社会福祉、いずれの舞台と領域においても、人びとの生活と人生、人間、人間がそこで生きている〈世界〉、人間的世界、日常的世界、人間の幸福、ケアとサポート、ノーマライゼーションなどについての深い理解が求められているのである。

福祉の現場と舞台ほど人間と人間との触れ合いと交わり、人間関係、ケアとサポート、人びとそれぞれの生活史と生活感情、誰もがそこで生きている社会的世界などについてのきめこまやかな理解が必要とされる場面は、ないだろう。

人間ほど微妙な存在はない。理性と感性において、プラクシス（行為・実践）とポイエシス（制作・創造）において、人びとや他者、道具や装置、作品、生活空間、行動空間、居住空間、さまざまなトポス（場所・位置・家・住居・部屋・坐席……）、風景などとのかかわり、結びつきなどにおいて、過去と現在と未来において、人間が、人びとそれぞれの生活と人生が、さまざまな現実が、イメージされたり、理解されたりするのである。限りなくソフトな人間的世界と生活環境、人間関係に注目しながら、〈福祉〉の現場と実際、課題、方向、展開、発展について考察することが、今日ほど必要とされている時代は、なかっただろう。このたびの私たちの作品は、執筆者それぞれのモチーフとスタイルをふまえて自由に書き進められた意欲的な作品である。多くの方々のご理解とサポートが得られると、まことに幸いである。

執筆者の方々には心から厚くお礼を申し上げたいと思う。

大妻学院の前理事長、大妻女子大学の前学長、中川秀恭先生に感謝の言葉を申し述べさせていただきたいと思う。

大妻学院理事長、大妻女子大学長、佐野博敏先生、また、大妻女子大学の人間関係学部の教員の方々、助手の方々に厚くお礼を申し上げたいと思う。

大妻コタカ先生にこの作品を捧げたい。

三和書籍の社長、高橋　考氏、編集担当者、瀧澤万里子氏にはお礼と感謝の言葉を申し述べさせていただきたいと思う。

二〇〇五年八月一一日

小池妙子
山岸　健

目次

認知症（痴呆症）ケアの理論と実際

小池　妙子

―介護の視点から捉える　記憶障害・認知障害を伴ったおとしよりの生活―

介護の専門職としてエイジングをみる

佐藤　富士子

さまざまな高齢者の姿

是枝　祥子

人間の生活と生存の舞台と領域

―人間と人間／トポスと道と―

山岸　健

色彩　音　言葉との遊戯に興じた者
それらの魅力を味わった者
その者に世界は花開き
笑いかけ　見せてくれる
秘められた心と意味を

ヘルマン・ヘッセ

人間は、相互的で互助的、共存的と呼ぶことができるような社会的存在である。社会的ということは、人びとのなかで、人びとともに、たがいに向き合いながら、ということだ。人間の誰もが本来的には個人だが、人間は、個人にすぎないわけではない。人間を一心同体的存在と呼ぶこともできるだろう。身近な人びと、家族の一人、一人は、この私、自己自身なのである。人間は、極限的に個人であり、個体だが、また、根底的に社会なのである。人間が、ある特定の人間、大切な人に寄せる思いには、はかりがたいほど深いものがある。こうした深い思いにおいて、人間は、人間といえるだろう。

特別に大切なその人、支えと、よりどころとなっている人間、人間にとってのさまざまな支えとよりどころこそ、私たちの誰においても生活と生存の人生の日々において、なによりも不可欠といえるだろう。日々の生活は、あくまでも具体的で実践的、現実的だが、人間の生活には、さまざまな思いや願いや望みが渦巻いており、そうした深い思いによって、また、過去の日々のさまざまな出来事や世界体験や思い出によって、さらに希望によって、人間は、支えられており、方向づけられているのである。人間には生存の領域と地平が見られるのだ。意味の世界で、人間は生活しているばかりではない。人間は、意味の世界で、生存しているのである。人間と意味を切り離すことはできない。人間とは、世界体験の主体であり、まさに意味そのものなのである。

世界体験とは、日々の出来事であり、こうした出来事とは、人間が、人びとと、他者と、さまざまな対象や客体と、道具と、作品と、大地と風景と、宇宙的自然と触れ合うこと、交わることなのである。自己、この私は、つねに外に出ているのであり、ここに留まりつづけているわけではない。こことは、自己が位置しているところ、場所、いわばトポス、自己の身体が位置づけられている大地の一点をさす。身体こそ人間、個人、個人において本源的なよりどころ、支え、大切なトポスなのである。この私、自己は、まず身体なのだ。身体は、いずこにおいてであろうと、世界体験の現場なのだ。人間は、自己の身体によって、身体において、身体をとおして、世界、人間の生活と生存の舞台と領域、領野に、地平に住みついているのである。属しているのだ。

体験、経験とは、ここからそこへであり、他者、人びと、唯一の人格のかたわらに、道具や作品の手前やかたわらに、風景のまっただなかに、大地の片隅に、さまざまなトポスや道に、自己自身を見出すことなのである。

人間の生活と生存の舞台と領域、領野、人間の生活と生存の地平を〈世界〉と呼びたいと思う。人間、私たちの一人、一人、誰もが、初めから世界のなかに、人びとのなかに、かたわらに、道具、作品のすぐそばに、大地の一点に、宇宙的自然と風景のなかに、その姿を現しているのだ。人間は、世界体験の主体だが、対象、客体、宇宙的自然、風景、さまざまなトポス、さまざまな道などがあっての主体なのである。まことにさまざまな対象や客体によって支えられた状態で、人間は、主体なのだ。独立状態での主体ではない。世界とさまざまな姿で結ばれている人間の生活と生存の状態において、人間は、理解されるのである。そのような状態で、人間が、自己が、人びとが、他者が、イメージされる。世界を旅すること、それが、世界体験なのである。

人間は、人生の旅びとであり、世界の旅びとなのである。人間は、限りなくソフトな、しなやかな、世界体験の主体であり、身体そのもの、人間、一人、一人は、個人であり、自己であり、いうまでもなく唯一の人格なのだ。自己であり、自我 self なのだ。人物 person なのだ。アイデンティティ、いわば自己同一性、存在証明は、個別的身体において、自己や自我や人格において、人物において理解されるのである。

人間の身体は、ただたんに対象、客体、物体にすぎないわけではない。身体的主体、身体において、身体とともに主体である人間は、誰であろうと、片時も休みなしに、自己の身体を生きているのである。モーリス・メルロ゠ポンティであれば、現象的身体が、クローズ・アップされてくるシーンだ。

世界への投錨、意味的な核——メルロ゠ポンティは、身体をこのように呼ぶ。

ここでは、世界体験、人びとそれぞれにおいての世界体験の総体的領域、世界体験の渦流、世界体験の累積状態、世界体験の生活史に根ざしたゾーン、圏、さまざまな方法と仕方によって秩序づけられた、個人、個人の世界体験のパースペクティヴ（遠近・眺望・視野）を意味と呼びたいと思う。意味とは、人間の生活と生存のソフトな領域、人間が、人格的自己、身体的自己をそこに委ねることができる、まさに人間のトポスなのである。

人間、人生と呼ばれる大きな旅の旅びと、世界を旅する旅びとである人間は、意味主体であり、まさに意味そのもの、また、世界は、意味世界としても理解されるのである。人間のアイデンティティの中核には、身体と意味が根底的に位置づけられているのである。

人間とは、生命力である。生きる力である。生命こそ人間の生存そのものではないかと思う。どのような視点から見ようと、人間、個人は、個別的身体、唯一の人格だが、また、意味主体だが、人間と人間との出会いと触れ合いと交わり、共存と互助などにおいて、人間の誰もが社会的であるところに、人間の本質と真相が、見出されるのである。人間は、社会的に、人びとのなかで、人びとともに、人びとのかたわらで、大切なかけがえがないその人、この私、自己と呼びたいほどの一人の人間のそばで、脇で、かたわらで、生活しているのであり、生存しているのである。そのような状態で、自己自身の身心を、自己を支えつづけているのである。

人間は、人間存在として理解されるだけではない。人間は、同時に生成として、まさに生成的存在、存在—生成として、理解されるのであり、生成的存在として、人びとのなかに、人間のかたわらに、道具のかたわらに、作品のかたわらに、大地と風景のさなかに、世界に、その姿を現しているのである。世界は、人間のトポスとなっているのだ。世界と人間と意味は、ひとつに結ばれているのである。一人の人間がこの世に姿を見せているということほど人間にとって大切な事実はないだろう。

人びとがそこで生きている世界は、なによりも人間によって、人間関係によって、グループやグループ・ライフによって意味づけられているが、人びとそれぞれにおいては、人間に寄せる思いとならんで、動物や植物、鑛物、道具や作品、風景、また、旅などに寄せるさまざまな思いがあるはずだから、人間にとっての世界、そこで人間が生きている、生活している、生存している世界は、道具によって、作品によって、草花や生物によって、岩石によって、光や水や土によって、まことにさまざまな風景や景観や景色によって、宇宙的自然によって、サインやシンボルによって、地図によって、人間のまなざしや言葉によって、人間のプラクシス（行為・実践）とポイエシス（制作・創造）によって、意味づけられているのである。

自然こそ人間の生成と存在、人間の生活と生存、人間のプラクシスとポイエシスのいずれにおいても、根源的なよりどころと支えだが、自然とならんで、社会が、文化が、歴史が、人間の生成と存在の次元なのである。人間的世界は、自然的世界、社会的世界、文化的世界、歴史的世界であり、根底的には人間的世界、〈世界〉は、時間的空間的世界なのである。時間と空間――カントは、時間と空間を感性の形式と呼んでいる。

世界という言葉とともに初めに姿を見せるのは、古代ギリシアのヘラクレイトスだ。ヘラクレイトスは、世界をいつまでも燃えつづけている火と呼ぶ。ヘラクレイトスのつぎのような言葉がある。――太陽は、日ごとに新しい。――同じ川には二度、入れない。――のぼり道もくだり道も同じ道。ヘラクレイトスといえば、生成の哲学なのであり、風景としては、流れゆく水、河川が姿を見せる。

水といってもさまざま、陸水があり、海水がある。河川、湖水、沼、池、いずれも陸水だ。

水という物質に深い思いを抱いていた人物がいる。ポール・ヴァレリーだ。ガストン・バシュラールにも水に寄せる深い思いがある。ヴァレリーの生まれ故郷は、地中海に臨む南フランスのセートだ。ヴァレリーを地中海の人と呼びたいと思う。地中海世界の精神を如実に体現している人物としてイタリアのヴィーコの名を挙げた人がいる。スペインのオルテガ・イ・ガセーだ。――ヴィーコの見解だが、文明の発達の順序　初めに森、つぎに小屋、つづいて村、町、都市、さらに学院。オルテガは、森を目に見えぬ自然、可能性の総和と呼ぶ。オルテガ・イ・ガセーのつぎのような言葉には特に注目したいと思う。

　　私は私と私の環境である。

オルテガがいう環境は、風景を意味する。生物学者、ユクスキュルが用いた言葉、環境世界が、オルテガの視野に入っている。また、現象学のフッサールが用いた生活世界が、オルテガの目に映っている。

人間が人間へのアプローチを試み、人間を、また、人間の生活を理解しようとする場合には、必然的に人びとがそこで生きている、生活と生存のトポスと〈世界〉に注目しないわけにはいかないのである。さまざまにイメージされる世界、さまざまな言葉で表現される世界は、人間にとってまさに根源的なトポスなのである。世界――ハイデッガーは、世界を天と地のあいだ、生と死のあいだ、苦と楽のあいだ、言葉と行為のあいだ、と呼ぶ。世界は、ハイデッガーが見るところでは、人間にとっての家なのである。彼は、世界を人間のトポスとして理解しているといえるだろう。

トポス　τόπος　というギリシア語には、場所、位置、ところ、居場所、家や住居、部屋、坐席、村や町、チャンス、余地、職業など、さまざまな意味がある。

人間的世界は、トポスによって意味づけられているばかりではない。さまざまな道によっても意味づけられているのである。意味づけるとは、方向づけるということだ。ここに姿を見せるフランス語がある。それは、サンス sens という言葉だ。ふたつの意味群に注目したい。第一群の意味は、感覚、そして意味、そして第二群の意味は、方向。

視点の選び方、アプローチの仕方によって同じ対象でも異なって見える。おそらく誰もが体験していることだといえるだろう。村や町などさまざまな集落はトポスだが、どのような方向からどのような視点からその集落を眺めるかということによって、トポスの風景、景観とスペクタクル、光景、パースペクティヴ（遠近・眺望・視野）は、異なるのである。どこから眺めてもトポスの眺めがほとんど変わらないこともあるが、視点とパースペクティヴ、アプローチと方向性、向きには注目しないわけにはいかないのである。

そこで人びとが生きている世界、日常的世界、まさに人間の生活と生存の舞台と領域は、なによりも人間と人間関係によって、他者によって、グループとグループ・ライフによって、人格であるところの人間によって、また、人びとそれぞれの身体と五感によって意味づけられて（方向づけられて）いるのである。

人びとそれぞれの世界体験と生活史、記憶、思い、ヴィジョン、想像力によって、まさにその人自身のパースペクティヴと呼び得るような世界がイメージされるし、人間的なスケールで独自の意味世界がクローズ・アップされてくるが、人間、一人、一人は、孤立状態で個人、個人の世界に幽閉されてしまっているわけではない。人間において注目されることは、出会いと対面、対話、相互的な触れ合いと相互行為、社会的行為、コミュニケーション、リレーションシップ、メンバーシップ、グループ・ライフ、共同生活、共同性、公共性、共有性、歴史性などなのである。

現象学のフッサールの文脈において理解するならば、生活世界は、相互主観的（間主観的）世界なのであり、こうした世界に見出されるものに誰もが等しくアプローチすることができるのだ。世界は、公共的で社会的な様相を見せているのであり、人間、誰もが、世界と呼ばれる舞台に、さまざまな状態で姿を現しているのである。人間、個人、個人においてイメージされたり、理解されたりするような独自の世界があることは確かだが、共同の舞台が人間のトポス、居場所であることには注目しないわけにはいかない。アリストテレスがいうように人間は、ポリス的動物なのだ。人間は集住して共同生活を営んでいるが、人間には言語、言葉があり、集住的な共同生活と言語生活の両面において、人間の独自性とアイデンティティが理解されるのである。

人間の理解にあたっては、言語や言葉に注目するだけではなく、道具にも、作品にも、また、プラクシス（行為・実践）とポイエシス（制作・創造）のいずれにも注目しなければならない。人間は、あくまでも現実的で実践的、具体的な社会的世界で活動しているが、人間は、いまとここに拘束されているわけではなく、想像力、イマジネーションとヴィジョンの世界で、意味世界においても身心を支えつづけているのである。

人間の身体は、個人、個人において絶対的な唯一の独自のトポスだが、人びとそれぞれにおいて、身体は、プラクシスとポイエシスの、記憶の、世界体験の、動機づけの、パースペクティヴの、方向と方位の座標原点、ゼロ・ポイントなのである。右手と左手、上下、前方と後方、まさに身体は、世界軸なのだ。身体は世界体験の現場であり、感覚、五感は、身体とひとつに結ばれているのである。すべては身体からスタートして、身体に戻ってくるといえるだろう。人間の身体ほど驚きに値する人間のトポスはないだろう。身体とは、小宇宙と呼ばれることもある人間の究極的なイマージュ（鏡像、画像、人物像、人間像）なのである。

対面状態、対面状況がある。顔は、人間のアイデンティティ（存在証明・自己同一性）そのもの、人格中枢と呼び得るようなイマージュ、あらゆる意味で顕現だが、人間の理解にあたっては、顔面にも、まなざしにも、手にも、身体の隅々と全体にも、注目したいと思う。人間とは、身体であり、声であり、言葉そのものだが、人間は、まなざしであり、手なのである。

言葉と言葉が触れ合うところ、交わるところ、声と声とが響き合うところ、まなざしとまなざしとが結ばれるところ、手と手が触れ合うところこそ、人間的世界、相互主観的世界、日常的世界の焦点といえるだろう。言葉と言語において、対話と会話において、まなざしとまなざしにおいて、手と手において、声と声において、呼びかけにおいて、人間は人間であり、そのような状態で人間は、人びとのあいだに、人びとのなかに、社会的文化的世界に、人間的な表情を浮かべながら、姿を見せているのである。

道具×シンボル、意味・価値・規範、知識のシステム、解釈図式、意味の網の目――文化をこのように理解することができるが、いずれにしても、人間と世界へのアプローチにあたっては、シンボルと道具のいずれにも、作品にも、風景にも注目したいと思う。

人間の手――手とひとつに結ばれる道具の手がある。手のその先に姿を見せるのは、道具であり、さまざまな作品だ。いうまでもなく人間の手だ。

人間は、ほとんどたえまなしに話し相手となってくれる他者を、自己自身を理解してくれる人間を、言葉を交わし合ったり、手をさしのべ合ったりすることができる相手を、喜怒哀楽をともにすることができる大切な人を探し求めつづけているのではないかと思う。

人間は、相互に支え合うような状態で人生の日々を旅しているのだ。人生行路は、なかなか見とおしがきかない果てしない旅路だが、人生の旅びとは、ただ一人で旅をつづけているわけではない。頼りがいがある大切な人びとと手をたずさえ合いながら、たがいに声をかけ合いながら、人生行路を歩んでいるのである。世界のうちに見出される人びとそれぞれの人生行路、おおいなる道ほど注目に値する道はないだろう。こうした道をたどる時、私たちは、いったいどのようなことを体験するのだろうか。

詩人で小説家、水彩画を描くことが楽しみでもあったヘルマン・ヘッセは、人間的体験、精神的体験、風景体験という言葉を用いながら、世界体験の諸様相を理解しているが、ヘッセとともに風景と風景体験がクローズ・アップされてくることに注目したいと思う。人びとや人間のさまざまな姿と動きが人間の風景として目に触れたり、体験されたりすることがあるが、人間は、風景そのもの、風景の一点、点景にすぎないわけではない。風景のなかから生き生きとした状態と表情で人びとの前に、視界に姿を現す人間がいるのである。

道の風景がある。人間の姿が見られなくても、道にはどことなく人影が感じられるものであり、どことなく人間の気配が浮かび漂っているのである。道はなかば人間であり、耕された大地も、さまざまな集落も、見方によれば人間の風景といえるだろう。人間は、もっぱら人間的なもののなかで、人間の力と手によってかたちづくられたもののかたわらで、道具や作品や人間の風景のかたわらで、さまざまな仕方で自己を、自己の身心を支えつづけてきたのである。

世界は、たえまなしに人間によって意味づけられてきたのであり、人びとによって構築されつづけてきたのである。トポスの形成と構築、道の形成と道づくりは、休みなしにおこなわれてきたといえるだろう。私たちの誰もが、自己自身の居場所、トポスを休みなしにかたちづくりつづけないわけにはいかないのである。私たちの誰もが、そこで安住できる、そこに自己自身の身心を委ねることができる独自の世界を、それだけではなく相互主観的世界を、単独で、また、人びととの相互的な触れ合いとコミュニケーション、支えによって、築きつづけなければならないのである。人間は、世界に生まれて、人びとのなかで人生の日々を旅するのだが、世界の構築と現実の構成、状況の理解と状況の定義づけ、そしてアイデンティティの形成と維持は、人生の日々において、人間の生活と生存の必要にして不可欠な課題なのである。人間は、後退することができない状況につねに位置づけられている。人間とは、たえず前へ前へと前進しないわけにはいかない活動的生成的存在、プラクシスとポイエシスの主体、創造的な行為者なのである。人間の生活の舞台は、さまざまな姿で社会的な広がりを見せている。私たちの誰もが、人間関係の束なのだ。そこで人びとが生きている世界の人間模様ほど変化に富んだみごとな光景はないだろう。

世界開放的存在——人間をそのように呼んだ人物がいる。マックス・シェーラーだ。人間は、世界と呼ばれるような殻のなかに、かたつむりのように閉じこめられてしまっているわけではない。人間は、さまざまな視点から、さまざまな距離で柔軟に世界を対象化して、世界へのアプローチが可能な精神的存在者なのであり、世界開放性において人間の独自性とアイデンティティが理解されたのである。マックス・シェーラーの視野には環境世界が入っている。彼は、人間を否ということができる存在、あくなきファウストと呼んでいる。『ファウスト』のゲーテが姿を覗かせている。

人間は活動力と想像力に富んだ自覚的で躍動的な生成的存在なのである。人間は、生存者であり、生活者なのだ。現実的な現実とならんで、イメージされたり、想像されたりするような現実が、追憶や記憶や思い出が、まさに人間のトポス、居場所となっているのである。過去と未来によって現在が生き生きとした状態で活性化されているのである。

人間の生命と生命力こそ生存そのもの、人間を生きる力と呼びたいと思う。生きている限り生きる――それこそ人間的といえるだろう。生きながら存在する――このような表現で人間を理解した人物がいる。オルテガ・イ・ガセーだ。彼は、人間を存在を選択する者、存在選択と呼ぶ。人間は、いつも四辻に立たされているような状況に置かれており、決断が迫られているのである。

人間は、平然とした状態、不動の状態にあるわけではない。人間は、揺れ動きと流動、生成の状態にある。フランスのモラリストのスタートラインに姿を見せているモンテーニュは、自己自身と向き合い、あくまでも自己自身へのアプローチを試み、行為においてではなく、その思想において、人間の探究と理解を試みたのである。「私は私のなかを転がる」といったモンテーニュは、人間にふさわしい名は、人間だ、という。彼は、理性的動物というような表現を選んだのではなく、あくまでも人間という言葉を選んだのである。同じ川には二度、入れない、といったヘラクレイトスの生成の哲学、ヘラクレイトスのアプローチは、モンテーニュに姿を覗かせている。

モラリストの系譜に姿を見せる人びとがいる。例えば、デカルト、パスカル、ラ・ロシュフコー、ラ・ブリュイエール。パスカルは、人間の条件として、不安と苦悩と定めなさを挙げているが、彼が見るところでは、人間は、無限にくらべれば無、無にくらべれば無限であり、人間は中間的存在なのだ。パスカルは、人間を考える葦、さらに偽善者と呼ぶ。天空の無限の広がりに恐れを抱いたパスカルの姿を見失うことはできない。

炉部屋の人物、森の人、また、アムステルダムで異邦人として生活したことがある人、ここに姿を見せるのは、デカルトだ。デカルトは、疑いをかけつづけ、ついには疑いをかけつづけている自己の存在をもはや疑い得ないことに気づく。——われ思う、ゆえにわれあり。cogito ergo sum デカルトそのものともいえる言葉だ。このような言葉が姿を見せるシーンでデカルトは、いったんは世界、身体、場所（トポス）という言葉を用いてはいるものの、世界、身体、場所という言葉をカッコに入れてしまう。デカルトにとって確かなことは、疑いをかけつづけている自己の存在であり、精神だった。身体よりも精神にデカルトは信頼を託したのである。世界、身体、場所——デカルトがカッコに入れてしまったこのような言葉にこそ注目しないわけにはいかない。デカルト以降、西洋の人びとは、世界なしに取り残されてしまったといったのは、オルテガ・イ・ガセーだ。生を根本実在と呼んだオルテガは、世界を取り戻す道を歩む。すでに述べたことだが、オルテガは、決定的な言葉を残す。——「私は私と私の環境である」。オルテガは、世界の様相を考察する。彼は、世界を実用性の場と呼ぶ。この時、オルテガの視野にはプルーストのコンブレーのふたつの散歩道が姿を見せる。『失われた時を求めて』の一シーンだが、コンブレーには、スワン家の方へ、また、ゲルマントの方へ、と呼ばれるふたつの散歩道があった。前者は、メゼグリーズに向かう道で平野を進む風を受ける道であり、後者は、ヴィボーヌ川に沿って進む道であって、途中で睡蓮の花畑を目にすることができる道だった。ほぼ反対方向に向かうこうしたふたつの道によってコンブレーは方向づけられていたのである。意味づけられていたのだ。

パリに滞在していた時、友人の高山鉄男さんの車で日帰りでイリエを訪れたことがあったが、一九九一年十二月十日、厳しい寒さの日だった。川には氷が張りつめていた。プルーストゆかりの地、イリエは、小説の地名、コンブレーと結ばれて、今日では、フランスの地図では、パリの南方にイリエ＝コンブレーという地名を見ることができる。

ところでジャン＝ポール・サルトルには人間的空間という言葉が見られるが、サルトルは、こうした言葉を用いた時にプルーストのコンブレーのふたつの散歩道をイメージしている。サルトルがいう人間的空間とは、人間と人間との触れ合いや交わり、人間関係が体験されるような人間の行動空間をさす。

人間は社会と文化と呼ぶことができるような歴史の舞台で、共同生活、人びとそれぞれの日常生活の舞台と場面で、人間としての生活と生存の領域と領野で、人生の日々を生きているが、宇宙的自然や大地の自然、さまざまな時間と空間、さまざまなトポスと道に巻きこまれながら、世界を築きつづけているのである。人間のプラクシスとポイエシスのバリエーション、多様性と多面的多次元的な広がりには目を見張るものがあるといえるだろう。バランスをとりながら、身心を支えて、多元的現実を構成するためには、人間は、あらん限りの努力と試みをつづけてきたのである。世界は、安定した状態で出来上がってしまっているわけではない。パスカルは、人間をなかば漂流者と見ているが、人間は、漂流者でもなければ、根無し草でもない。どこに、いったい何に自己自身をつなぎとめることができるのか、人生と日々の生活について、どのようにして、どのような見とおしを立てるのか、どのようなヴィジョンを抱くのか、ということが、大切な生活と生存の課題となっているのである。

人間は、人びとのかたわらで、人びとのなかで、人びとに、社会的世界に巻きこまれながら、人生行路を旅しつづけているが、こうした人生の日々を生きる時、片時も休むことなく私たちの誰もが、自然のまっただなかで、自然に抱かれながら、自然とともに、自然によって支えられた状態で生きていることを忘れてしまうことはできない。自然の恵みは天恵であり、生活と生存の舞台と領域、領野のもっとも深いところに、大きな広がりをもって、いたるところに、自然が姿を現しているのである。

道をたどる。右手方向には刈田が姿を見せている。刈田の稲の切株に緑々した色が浮かび上がっている。若々しい草のようにも見えるが、稲の緑なのだろうか。遠くから眺めると刈田が草原のようにも見える。生き生きとした若緑の風景が視界を飾っている。近づくと稲の切株が目に触れる。稲刈はすでに終わっており、収穫後の稲田のおだやかな大地の風景が視界を飾っている。そして若緑の眺めだ。大地の微妙な様相は目をとらえて離さない。道端には野の花。先日は昼顔と白っぽい、たんぽぽかと思われる野の花を目にしたが、そうした野の花を摘んできて、コップに飾ってスケッチした。二〇〇四年十一月七日のことだ。今日は十一月十四日、同じ道をたどる。うす紫色の野の花、野菊を摘んで、ふたたびコップに飾り、スケッチブックにボールペンの黒と色鉛筆で野菊を描く。野の花のかれんな美しさは、まことに魅力的だ。この道は、野の道と呼ぶことができるような道ではない。市街地をごくわずかはずれたところにある道だ。

十一月十三日、早朝、まだ夜は明けない。空には光度の強い星がふたつ光り輝いていた。たくさんの星が見えた。久しぶりに星空をゆっくりと眺めた。時が進む。暁の空となり、空に色彩が姿を見せる。流れるような雲の帯がみごとなスペクタクルとなって目に触れる。夜明けの壮大なパノラマ的な眺めだった。朝焼けの空にやがて太陽が昇ってきた。真赤な太陽ではなく、白っぽい太陽が目一杯、輝く。ゆるやかに太陽が上昇する。空の色が微妙に変わっていく。夜明けの自然の風景は、黄昏時《たそがれどき》の風景とならんで私たちの心に大きなゆさぶりをかけてくる、まことに劇的な風景であり、壮大な自然のドラマといえるだろう。窓の下には大地の土、その近くには刈田、道も見える。少し離れたところには東北新幹線の高架線が直線的な姿を見せている。はるかかなた、右手方向には小さく筑波山が見える。夜明けの風景は、このうえなく深い風景だと思う。静かに昇る太陽は、風景の焦点、アイストップだ。アイストップとは、目がいきつくところに姿を現す対象をさす。

目と太陽――プロティノス、ゲーテとつづく系譜をたどることができるモチーフだが、目がもしも太陽のようなものでなかったならば、目でものを見ることはできない、とゲーテは思いを綴る。ゲーテの方法は、目で見て確かめるという方法だった。目と太陽の系譜に姿を見せる人物がほかにもいる。ドイツの生物学者、ユクスキュルだ。

ユクスキュルといえば、環境世界論であり、生活世界論というならば、現象学のフッサールだ。ここでは、まずユクスキュル。彼は、知覚領域と作用（行動）領域に注目しながら、生物個体それぞれにおいての環境世界像について考察したのである。環境世界 Umwelt 、ユクスキュルのキー・ワードだが、彼は、人間にとって Umwelt にあたるのは、Umgebung だという。このふたつの言葉には、ともに環境という意味があり、環境世界が、いずれにおいてもイメージされる。ユクスキュルにならうならば、人間の環境世界を特に Umgebung と呼ぶことができる。

人間へのアプローチを試みたカッシーラーの舞台とパースペクティヴには、ユクスキュルの環境世界論が姿を見せている。カッシーラーは、人間がそこで生きている世界を理解する鍵となる言葉としてシンボリック・リアリティに注目している。

フッサールにおいては、生活世界だが、彼が見るところでは、生活世界とは、それのみが唯一の現実的世界であり、現実の知覚によって与えられており、そのつど経験された、また、体験され得る日常的世界なのである。生活世界は、私たちの具体的な生活のなかで、たえず現実的なものとして与えられている世界であり、人間にとって、いつでも取り組み得るものとして意識されて眼前に与えられている世界にほかならない。生活世界は、時間的で空間的な事物の世界であり、人間にとって生活世界の地平は、可能的な事物経験の地平として理解されるのである。ここでフッサールがいう事物とは、鑛物、動物、植物であり、また、人間、人間によってかたちづくられた形象をさす。

人間は、人びとのなかで生きているだけではない。人間は、身辺に、そこに、手もとに、見出されるものに巻きこまれながら、世界に自己自身の身心を委ねながら、人生の日々を生きてきたのである。おそらく私たちの誰もが体験してきているはずだが、人間は、人びとのなかで、人びと、人間との触れ合いと交わりにおいて、人間的に深く生きることができるが、昇りゆく太陽や夜空に輝く星を目にした時に、また、野の花を体験した時に、自己の生存を実感することもあるような世界体験の主体、人生の旅びとなのである。

フランクフルトで生まれたゲーテの生活史にはライプツィヒやワイマールなどが姿を見せる。その地方を知ろうとするならば、屋根の上にのぼって、あたり一帯を見わたすように、とゲーテは、いう。ゲーテのイタリアの旅は、私たちにとっても注目される旅だ。異国の風物と風景、人間の大地と人びとの暮らしにゲーテのまなざしが注がれているが、ゲーテは、ヴェネツィアで、人びとのなかで、孤独を体験したのである。また、南国でゲーテは、自己がアルプスの北の霧の国の人間であるということを自覚したのだった。ヴェネツィアでゴンドラにゆられながら、ヴェネツィアの光のなかで、ゲーテは、ヴェネツィア派の絵画をイメージしたのである。ヴェネツィアでのこと、地図なしで目を頼りにしながら、水の都のさまざまな地区をめぐり歩き、ゲーテは、人びとの生活の仕方の違いに気づく。人間の生活と人間にゲーテは注目しつづけたのである。はじめに何があったのか。『ファウスト』の一場面でファウスト博士が直面した問いだ。はじめに言葉があったのか。はじめに意味があったのか。はじめに力があったのか。迷った末に彼はとうとうつぎのことを確信するにいたったのである。はじめに行為があった。

ここでは、つぎのように述べたいと思う。人間は、生命力、生きようとする力であり、プラクシス（行為・実践）とポイエシス（制作・創造）の主体、世界の構築と現実の構成の担い手であると。人間と人間との触れ合いと共存状態において、さまざまな世界体験のなかで、人間は、自己自身のアイデンティティをかたちづくりつづけているのである。

ゲーテの『ファウスト』の一シーン、いったいはじめに何があったのか。ファウスト博士は、行為に帰着したが、このシーンで私たちの目に触れる言葉――言葉、意味、力のいずれもが、行為とならんで等しく注目される。行為という言葉だけが残って、ほかの言葉が消えていくとは思われない。こうした言葉と同時に、人間が、人間と人間が、自己と他者が、人間の生活が、世界が、姿を見せるといえるだろう。人間は、人びとのなかで、生活において、自己が誰であるのかということを知るのだ。ゲーテの『タッソー』に見られるこうした言葉に注目したクーリーは、社会を生活の位相 a phase of life として理解したのである。ゲーテの『ファウスト』を読むことによって私は社会学に導かれた、といった人物がいる。パークだ。人びとの生活の背景と根底において人びとにはほとんど知られないような状態でいったいどのようなことが生じているのか。ある時、パークは、ウイリアム・ジェイムズのスピーチの席に出席して、ジェイムズに導かれて、このような問いに直面したのだった。

人びとは、さまざまな悩みや心配事や思いや希望を抱きながら、人生と呼ばれる旅路を旅しているのである。世界に、出来事に、問題に、他者に、人びとに、巻きこまれながら、人生の日々を生きているのだ。精一杯、生きているのだ。行動と労働と仕事、交渉、プラクシス（行為・実践）とポイエシス（制作・創造）は、誰においても日常的といえるだろう。問題と課題に直面していない人は、いない。人間は、行為者であり、なかば夢見る人、想像力に身心を委ねながら、人間的な現実を生きる生成的存在なのである。人間とは、生命力であり、行動力、想像力、創造力なのだ。人間は、意欲的で情熱的な存在だ。人間は、生成そのもの。人間を理解する重要な鍵が、生命、生きようとする命、まさに生にあることは、確かだろう。人間は、生きる力なのだ。生と死をどこまで深く自覚しながら、人生の日々を生きるか。人間の生存とは、このようなことではないかと思う。

命に限りがある者、古い時代から人間についていわれてきたことだ。ハイデッガーは、人間を命に限りがある状態で大地に住まう者と呼ぶ。彼は、建てることと住まうことを結びつけている。空を旅した人、サン＝テグジュペリは、大地にまなざしを注いだ人でもあったが、彼は、人間を住まう者と呼んでいる。大地の一点、そこに、ここに、生活の拠点を築く、トポスを築くということには、まことに深い意味があるのである。人間の生活と生存が、トポスと道のいずれによっても、また、世界によっても、意味づけられていることに注目しないわけにはいかないと思う。そして人間は、さまざまな道をたどり、道に従い、さまざまなトポスを体験しながら、大地と契りを結び、人びとのなかで、さまざまな人間模様と人間の輪を描きながら、宇宙的自然、さまざまな自然を体験しながら、自己自身の生活史を築き、自己の生成と存在の痕跡を残していくのである。これまでは、生活と生存のドラマの主人公でない人間は、いない。人間は、世界と呼ばれる舞台の共演者なのだ。

世間と呼ばれる舞台の観客として過ごしてきたが、これからは仮面をかぶって人びとの前に進み出る、こういった人がいる。デカルトだ。仮面、それは、ペルソナ persona 舞台の登場人物を dramatis personae という。役割演技者——人間をそのように呼ぶこともできる。役割とどのような距離をとりながら行動するか、自己呈示 self presentation をおこなっていくか、誰の場合でも気にかかることだ。

生活感情とならんで生存の感情において人間を理解することができるのではないかと思う。人間には苦悩や不安などがつきまとって離れないといわざるを得ないだろうが、人間は、希望を抱くことができるそのことによって人間なのである。人間をおおいなる希望、生きる希望と呼びたいと思う。人生を生きる楽しみと喜び、生きがい、人生を生きる意欲と意志——こうしたことこそ人間にとって大切なことではないだろうか。

星の輝き、野の花の魅力、人間と人間との信頼にあふれた人間関係、やさしい心くばりと心づかい、よみがえるような気持になれる風景、身心の安らぎが得られるアート、芸術、思い浮かべるだけでも元気づけられるような旅の思い出と記憶——私たちにとっていずれもかけがえのないものばかりだ。

人生の旅びとである私たちにとって、サン＝テグジュペリのつぎのような言葉は、心に刻みつけておきたい言葉だと思う。——「人生に意味を」サンス sens というフランス語が姿を見せている。サン＝テグジュペリは、つぎのような言葉を残している。——「愛するとは、たがいに見つめ合うことではなく、一緒に同じ方向を見ることだ」。ここにもサンス sens が姿を現す。いうまでもなく、たがいに見つめ合うことは、きわめて人間的なことだと思う。そのうえで、一緒に同じ方向を見ることについても深く考えてみたいと思う。人間の生活の場面、行動の舞台においては、並存状態がしばしば見られるが、共存状態や互助や対面、相互的行為、コミュニケーション、相互性などに注目しながら、人間の生活と生存の深みへと降りていきたいと思う。人間が、この世、この世界にあるということは、人びとのなかで、たがいに支え合うような状態で、声をかけ合いながらも、手をさしのべあいながら、人生の日々を生きる、人生の舞台を旅するということなのである。

デカルトは、道に従うことを方法と呼んだのである。デカルトは、方法の人だが、彼を森の人と呼ぶこともできる。なぜデカルトを森の人と呼ぶことができるのか。森のなかで迷ったら、どうすればよいのか。デカルトのモチーフのひとつだが、森のなかで迷った時には、進むべき方向を決めて、迷わずにそうした方向に向かって、ひたすら進むように、デカルトは、このようにいう。いったり、来たりでは森から抜けでることはできない。デカルトにおいてイメージされる道は、あくまでも直線的だ。

デカルトの方法を直線的と見るならば、ヴィーコの方法は、曲線的で凹凸が体験されるような道がイメージされる方法である。文明の発展と発達の順序について述べた時、ヴィーコは、はじめに森、つぎに小屋、そして村や町などをイメージしたが、森や小屋、また、村、町などといった集落のいずれもが、トポスであることに注目したい。ヴィーコの視野にはトポスだけではなく道も入っていたのである。それにしてもデカルトとヴィーコは、対照的だ。ヴィーコの柔軟性は、なかなか魅力的だが、デカルトから目を離すことはできない。人びとがそこで生きている世界を人間的に理解するためには、デカルトの方法にも、ヴィーコの方法にも注目しないわけにはいかない。人間の手によってなったものや人間の息がかかったものであるならば、人間がそうしたものを理解することができる、とヴィーコはいう。さまざまなトポスや道において、そのようなトポスや道によって、また、そのようなトポスや道とともに、人間の生活や生存を、人間を、人間関係を、理解することができる。デカルトとともに炉部屋が姿を見せるが、デカルトは、トポスに留まりつづけていたわけではなかった。デカルトは、旅した人でもあった。彼の生活史にアムステルダムが姿を現す。運河のアムステルダムでデカルトは孤独と静寂を体験しながら思索の時を得ることができたが、時には町なかで、人びとのなかに姿を見せて、賑わいをみずから体験することもできたのだった。こうしたデカルトとレンブラントゆかりのアムステルダムを訪れて、オランダを体験したポール・ヴァレリーは、旅の真骨頂を列車の車中での旅体験に見出している。時は経過し、風景は変わり、つぎつぎにさまざまな土地やトポス、場所を列車が通過していくが、旅びとであるこの私のトポス、坐席は、そのままなのだ。車中のドラマ、車中での空間体験と時間体験がある。

デカルト的人間と群集の人とを対比させているヴァレリーに注目したいと思う。エドガー・アラン・ポーの短篇小説「群集の人」が発表されたのは、一八四〇年のことだ。病が回復して気分がよくなり、ロンドンのとある通りにあるカフェの片隅で外を眺めていたこの私の目に道ゆく一人の人物の姿が映る。若くはない年齢のその男のことが気になり、急いで外に飛び出て、私はこの男の跡を追う。ロンドンの町なかのそこ、ここを歩きまわるこの男を一晩、追いつづけ、夜が明ける。つぎの日中も男の跡をつけて歩きつづける私。とうとう夕方になって追跡をストップする。孤独でいることに耐えられない男を私は目にしたのである。自分一人でいることに耐えられない人間、ラ・ブリュイエールのこうした言葉が、エピグラフとして、「群集の人」に添えられている。

ボードレールが、ポーの「群集の人」に注目しているが、そうしたボードレールにも、ポーその人と「群集の人」にも注目している人物がいる。『パサージュ論』のヴァルター・ベンヤミンだ。ベンヤミンは、ポーを室内の観想家と呼ぶ。ポーのさまざまな探偵小説がイメージされてのことだ。

一八二〇年代、パリに姿を見せたパサージュ、それは鉄骨ガラス張りの、なかば外、なかば内ともいえる通り道で、両サイドには店が並んでおり、パサージュは、道ではあるものの、フラヌール、遊歩者にとっては、トポスそのものでもあったのである。パサージュは、都市の建物のなかともいえる明るい道なのだ。それは、たんなる街路でもなければ、森の道でもなかった。

道とはここからそこへであり、道程である。出発点であり、ゴールだ。道といえば道しるべであり、空間体験、時間体験、風景体験、また、いうまでもなく人間的体験といえるだろう。一人旅なのか、道連れがいるのか。旅といってもさまざまだが、道とは、まさに旅なのだ。道は道にすぎないわけではない。道とはなかばトポス（場所、位置、ところ、居場所、家、住居、部屋、坐席、集落、いわば村や町や都市……）なのである。旅する人びとにとっては、道しるべや地図や磁石、旅の宿、さまざまな情報や知識などが必要だ。道も旅も、まさにコースやルートの選択であり、交通手段の選択なのである。徒歩や散策のための道がある。プロムナード、遊歩道がある。里道や山道、林間の道、峠道がある。街道がある。街路や路地や横町がある。農道があり、畔道がある。土手の道がある。野中の道がある。袋小路がある。パリのブールヴァールがある。パリのパサージュは、いわばプロムナードだ。雨の日でも大丈夫だ。鉄骨ガラス張りの明るい屋根がある散策路だ。さまざまな品物やショーウインドが目に触れる道だ。

鉄骨ガラス張りといえば、パサージュであり、鉄道の駅であり、また、温室だ。温室の自然がある。それは文化と文明の衣をまとった自然といえるだろう。

道を歩むとき、さまざまな風景が体験される。画家、ポール・セザンヌとガスケの対話の一シーンだが、セザンヌは、ローマ人がつくった道のなかには、まるで風景のための道と呼ぶことができるような道がある、という。セザンヌとともにエクス＝アン＝プロヴァンスが姿を見せる。そしてサント＝ヴィクトワール山が姿を現す。セザンヌは、モネを太陽が落ちるところまで太陽を追っていくことができる目と呼んでいるが、これはモネにたいする賛辞だ。

「印象、日の出」、印象派のスタートを飾るモネの絵だが、海と太陽の絵だ。モネといえば、「睡蓮」や「ルーアンの大聖堂」を誰もが思い浮かべるにちがいない。

ジヴェルニーへの旅を思い出す。ジヴェルニーにはモネの家とアトリエとならんで、いかにもモネらしい庭園と睡蓮の池、いわば水の庭があった。「睡蓮」の連作は名高いが、モネは、水の風景を描いたのである。鏡像、イマージュ、モネは、すばらしいイマージュと水鏡を手に入れたのである。彼は、睡蓮を描き、水鏡に映った空や雲を描く。また、セーヌ河を描く。印象派の画家たちによってパリとセーヌ河が発見された、といわれてきたが、その通りだと思う。モネが描いたパリがあり、ルノワールが描いたパリやセーヌ河がある。モネにおいて「睡蓮」というならば、ルノワールにおいては、「ムーラン＝ド＝ラ＝ギャレット」や「舟遊びをする人びとの昼食」だ。「ムーラン＝ド＝ラ＝ギャレット」は、パリのセーヌ右岸のモンマルトルの丘に姿を見せている風車（ムーラン）のもとに人びとが集い、ダンスをしたり、談笑したりしている人びとが描かれた絵だが、人びとのレジャー・タイムと人生を生きる喜びと楽しみが、みごとに表現された絵だ。人生讃歌と呼びたくなるような絵だ。奥の方には舞台があり、楽団がそこに姿を見せている。ダンスの音楽が流れており、人びとの話し声やざわめきが耳に触れる絵だ。「ムーラン＝ド＝ラ＝ギャレット」の音風景、サウンドスケープについて語ることができるのである。

パリのセーヌ左岸に姿を見せているオルセー美術館は、かつての鉄道駅だが、このミュージアムで私たちは、ミレーやモネやルノワールやセザンヌ、ゴッホなどを目のあたりにすることができる。

ミレーの「晩鐘」や「落穂拾い」において体験されるのは、農民の生活、大地に根ざした民衆の日常生活、大地と宇宙的自然、農民のトポス、耕された大地、母親と子どもなどの人間的風景、人びとの生活と労働などだが、「晩鐘」は、みごとなまでに描かれた音の風景なのである。ミレーに学ぶところが多かった画家がいる。フィンセント・ファン・ゴッホだ。ゴッホの「じゃがいもを食べる人びと」に注目したいと思う。

オランダ生まれのゴッホ、オランダで生活していた時の作品、「じゃがいもを食べる人びと」は、アルル時代の彼の絵とは色彩感においてはおおいに異なっているが、ゴッホの画歴と生活史において注目さるべき作品だ。家のなかの片隅、室内に姿を見せている人びと、農民であり、民衆だが、湯気《ゆげ》が立ち昇っているじゃがいもを身を寄せ合うようにして食べている食事の風景とともに家族と家族生活、大地に生きる農民の日常生活がイメージされる。描かれたそれぞれの人物の姿とポーズ、まなざしと手のいずれにおいても、生活感と生活感情がにじみ出ており、おのずから家族の連帯感と絆が、はっきりと理解される。描かれた人びとの身辺に注目するならば、ゴッホは、人びとと人びとの人間関係と生活を描いただけではなく、部屋、室内と生活環境にも注目しながら、トポス（居場所、家、部屋、坐席……）を描いたことが分かる。この絵ではゴッホは、農民生活の画家であり、トポスの画家といえるだろう。一七世紀のオランダでは、民衆の日常生活や家族、家庭などが描かれた生活画、家庭画というジャンルが生まれていたが、そうした系譜にこのゴッホの絵を位置づけることもできる。いずれにしても農民の生活にゴッホのまなざしが注がれていたことに注目したい。ミレーとゴッホにおいて民衆、生活と労働、大地、家族、家庭、人間、人間関係、日常生活、人びとがそこで生きていた世界が、それぞれのモチーフにおいて、独自のスタイルで、タッチで、コンポジションで、色彩と形で、クローズ・アップされてくる。

「じゃがいもを食べる人びと」――ゴッホは、弟、テオへの手紙のなかで、この絵について触れた時、この絵では、自分は人間の手を描きたかった、と書きとめている。手は人間そのもの、モーリス・メルロ＝ポンティは、あるところで手を目に見える頭脳と呼んだカントの表現を紹介している。手先、指、掌《てのひら》、手、いずれも世界と直接的に結ばれた身体の先端であり、身体を大陸と見るならば、岬と呼ぶことができるトポス（場所、位置、ところ）なのだ。触れることは、触れられることだ。手は、サーチライトそのもの、まことにしなやかな道具、道具というだけでは満足できないほど人間的な微妙な先端的なソフトなトポスなのだ。人間にとって手は手にすぎないわけではなく、手はなかば目ともいえるのである。手の先には目がついているといっても過言ではないだろう。ゴッホが、手を描きたかった、といった言葉に注目したい。手とは生活そのもの、労働そのもの、大地そのものなのだ。

人間の手は、人間の肌や手に触れる。自分の身体や顔や自分の手に触れる。人間の手は道具の手やさまざまな手に触れる。ドアの手、ノブに触れる。さまざまな物体や品々、さまざまな対象に触れる。人間の手は、野の花やさまざまな草花や土や水に触れる。大地に触れる。

手の働きの多様性には驚きの目を見張らざるを得ない。手を振って合図する。手を合わせて祈る。手をかざして見る。さまざまな手ぶりがある。手や腕をつかった勝負がある。手で土をこねて、形を生み出す。手づくり、手作業、手工業、手製などといった言葉がある。手仕事という言葉もある。手とともに、手や目とともに、さまざまなアートや作品が姿を見せる。手は、まことに多種多様な対象や客体、物体などと結ばれているのである。だが、人間と人間とのあいだにおいてこそ、手は、特別な意味を帯びることになるといえるだろう。

ところで人間の手のエピソードという時、ふたりの人物が姿を見せる。ひとりはヘレン・ケラー、もうひとりはサリバン先生だ。ある日のこと、三重苦を背負ったヘレン・ケラーとサリバン先生は、庭に出て、井戸端にいく。先生は、井戸水をくみ上げる。冷たい水が樋口から流れ出て、ヘレン・ケラーの手に触れる。その時、先生は、ヘレン・ケラーの別な手に、掌《てのひら》に、水 w-a-t-e-r と書き綴ったのだった。いままで暗闇に閉じこめられたままだった彼女は、その時、突如として、物には名前があるのだということに気づき、カオスの世界から明るみに出ることができたのである。こうした水のエピソード、人間の手と水と言葉のドラマは、広く知られているが、アカデミックな領域では、アメリカの哲学者、G・H・ミードは、こうしたエピソードとドラマにおいて、接触体験をイメージし、アメリカの社会学者、C・H・クーリーは、コミュニケーション体験という視点から、ふたりが井戸端で体験した出来事に注目している。また、E・カッシーラーは、シンボルとシンボリック・リアリティという視点から、こうしたエピソードとドラマに注目している。

人間は、さまざまな物質や物体が体験される世界で生きているが、人間は、人びとのなかで、人間と人間との触れ合いや人間関係が体験される社会的世界で人生の日々を生きているのだ。また、人間は、シンボルの世界で、シンボリック・リアリティ（カッシーラー）の次元で生きているのである。シンボルを操作する動物 animal symbolicum 、人間、これは、カッシーラーの表現だ。ベルクソンの表現を用いるならば、人間は、サインとシンボルの世界で生きているのだ。石は、ただ石にすぎないのではない。それは、人びとの思いがこもった記念の石ともなっているのだ。人間は、サインとシンボルを体験しながら、記憶の糸をたぐり寄せながら、先を見ながら、意味の世界で、人間的に生存しているのである。

レオナルド・ダ・ヴィンチの「モナ・リザ」に見られる顔とまなざしと手がある。背景の風景、山々や川や橋、道などがある。さまざまな画家が描いた目やまなざしや手や腕がある。ドガが描いた手がある。目と手、まなざしは、画家にとって勝負どころだ。目はまなざしとなって生気を帯びる。まなざしとは見るという行為そのもの、サルトルの表現を用いるならば、見るとは、目で食べることなのだ。メルロ＝ポンティが見るところでは、見るとは、ものに住みつくことなのである。彼は、身体を世界への投錨、意味的な核と呼ぶ。さきのレオナルドは、絵画の原理を遠近法に見出している。カッシーラーは、見ることを知れ、というレオナルドの言葉をあるところで紹介している。

人間は、世界を前にして人生の日々を生きているわけではない。私たちの誰もが、世界に身を投げ出しているような状態で、さまざまな出来事や雑事に巻きこまれた状態で、世界のまっただなかで生きているのである。ただただ困惑せざるを得ないような出来事、心配事、わずらわしい事、悩み事、カオスとしか呼びようがない事、苦労な事など数々の事柄は、ほとんど日常的な事だといえるだろう。カオスとは見分けることができない暗闇の状態をさす。人生を生きる私たちは、いつもさまざまな光と光明を探し求めつづけているのである。希望の光をどのようにして見出すか、そうしたことが、私たちの誰にとっても問題なのだ。人生を道なき道と呼ぶことはできないだろうが、前方の道を見出すことは、なかなか困難だ。見通しをつけること、一筋の道を見出すことに誰もが心をくだいているのである。

日が昇り、日が沈む。大空を旅する旅びと、太陽、オルテガ・イ・ガセーの表現だ。太陽は日ごとに新しい。これはヘラクレイトス。太陽とその動きによって宇宙的世界と空間は方向づけられているのである。意味づけられているのだ。東西南北の方位と方向は重要だ。空間もトポスも、東西南北によって、人間の身体を軸とした前後、左右、上下によって、方向づけられているのである。トポスである家や部屋の向きに注目しないわけにはいかない。家の出入口は、どのような方向と方角を向いているのか。部屋の窓の向きは、どうなっているのか。そしてさまざまな光が私たちには気になる。自然の光と光線、照明、光と影、陰影……部屋のなかでほとんど一様の明るさが体験されることがあるが、明るい窓辺といくらか暗々とした部屋の片隅が体験されることがある。さまざまなトポスで体験される明暗がある。

視界は気になる。窓からいったい何が見えるのか。屋外であろうと、室内であろうと、それが何であろうと、見るためには適度の明るさと光が必要だ。暗闇では目はいうことをきかない。混沌としたカオスが体験されるだけだ。一条の光が射しこむ。ものが見え始める。絵画とは、ものが見え始めること、出現であり、表現だ。それは、色や形、コンポジションの浮上である。どのようなスタイルの絵であろうと、絵画作品は、秩序づけられた、意味づけられた世界であり、意味の網の目、まさに文化、人間によってかたちづくられた人間的な現実なのだ。人びとは、絵を見ながら、絵のなかに入っていき、絵のなかで、さまざまなトポス、場所とさまざまなコーナー、片隅を体験しながら、絵画と呼ばれる独自のスタイルと方法によって構成された世界を散策するのである。旅するのだ。いずれの絵画作品もふたつと見られない世界であり、コスモス、宇宙、宇宙的世界なのである。

人間は、日々の生活の舞台と領域で、日常的世界で生きている、人生を旅しているだけではない。このような世界は、人間の居場所、トポスであり、人間のよりどころだが、一点の絵画作品も、文学作品も、音楽作品も、また、まことにさまざまな作品は、人間にとっては、かけがえがないトポスなのである。人間は、作品を創造する、作品を造り出す。作品を残す。さまざまな作品のかたわらで、作品に身心を委ねながら、人生の日々を生きてきたのである。作品の生命力があると思う。作品は、人間の現前であり、人間のまなざし、人間の呼吸、人間の声、人間の思いとイマジネーション、想像力、人間の記憶、人間の道しるべ、人間の姿、人間の顔と表情なのである。

一方においては、作品、他方においては、道具なのだ。トポスである部屋のなかには、なんとさまざまな道具や物品や物体、品物、装置、家具調度品、壁を飾る額縁に入った絵、こまごまとした品々などが、つぎつぎに見出されることだろう。飾られた花もある。空虚な部屋、まったく何もないようなところでは身の置き場所がない。人びとは、トポスである部屋のなかに、片隅に、身の置きどころを見出さないわけにはいかなかったのである。坐席、椅子、ソファー、きわめて重要なベッド……いずれもトポスだが、人間は、さまざまなトポスとしっかりと結ばれていたのである。

壁は無言だが、扉は語る。ジンメルの言葉だが、壁は無言とばかりはいえない。表情ゆたかな壁や飾られた壁がある。壁画がある。壁に額縁に入った絵が飾られると、壁に花が咲く。花が開く。絵画は光明であり、明るい光なのだ。太陽の光があり、絵画の光、画面の光がある。月の光、星の光がある。ゴッホは、地中海に臨むサント＝マリー＝ド＝ラ＝メールの海辺で星を仰ぎ見たが、その時、星は、彼の目にまるで、さまざまな宝石のように見えたのである。絵画の原風景を太陽に、花に、宝石に、大地に見ることができると思う。壁画は、大地がシュポール（支持体、たとえば、カンバス、紙、板などをさす）となっている絵なのである。部屋のなかに見られる鏡、また、さまざまな鏡に注目したいと思う。鏡像はイマージュ。鏡も鏡像も、絵画の原風景なのだ。絵画作品、画面に描かれたさまざまな鏡がある。鏡は、ほとんど目であり、まなざしだ。絵画とは、人間の目であり、まなざしなのである。

プラトンとアルキビアデスの一シーン。汝自身を見よ、というシーンだが、プラトンは、アルキビアデスに向かって、人見、瞳が鏡となって、そうした鏡に自分の姿が映って見える、という。

古代ギリシア、デルポイが姿を見せる。デルポイのアポロンの神殿に掲げられていた言葉がある。あまねく知られた言葉だ。――「汝自身を知れ」

このデルポイの神殿の銘ほどこれまでさまざまなかたちで名だたる人びとの視野に入ってきた言葉はないだろう。プラトンのシーン。「汝自身を見よ」という言葉は、まちがいなく「汝自身を知れ」と同義といえるだろう。フランスのモラリストのスタートラインに姿を見せているモンテーニュの『エセー』に「汝自身を知れ」という言葉が見られる。モンテーニュのまなざしは、デルポイに注がれている。一八世紀のイタリアの歴史家、ヴィーコは、「汝自身を知れ」という言葉を最初の社会理論と呼んでいる。一八世紀、ジャン＝ジャック・ルソーは、「汝自身を知れ」という言葉は、モラリストの言説よりもはるかに示唆するところが多い、という。時代はくだるが、ニーチェも「汝自身を知れ」という言葉に注目している。現象学のフッサールは、このデルポイの神殿の銘に注目している。そのほかにも「汝自身を知れ」という言葉にまなざしを注いだ人びとがいる。哲学においても、哲学を越えたところにおいても、このデルポイの神殿の銘は、灯火のような言葉として多くの人びとの思いを誘発しつづけてきたのである。この言葉は、人間にとって、まるで道しるべとなっていたような言葉なのである。「汝自身を知れ」——古代ギリシアにもどってこの言葉の意味を探るならば、人間の命には限りがあるのだということを知るように、という意味があったようだ。

自己自身を知るためには、自己自身がそこに姿を現しているその舞台と領域、まさに世界に注目しなければならない。人間、誰もが人びとのなかに、人びとのかたわらに、さまざまな状態で、時にはたがいに向き合うような姿で、姿を見せているのである。大地の片隅に、つねに風景のさなかに、風景とともに、人間は、姿を現しているのだ。さまざまな対象や客体から切り離された状態で、人間が人びとととともに生きているわけではない。他者や人びととの関係において、大地や宇宙的自然や風景との触れ合いにおいて、道具とともに、作品とともに、トポスや道において、人間を見ることが、理解することが、できるのだ。人間は、充実した世界で身心を支えつづけているのである。

人生を生きる、人生を旅するということは、希望を抱くということであり、情熱的に意欲的に前進する、世界に、人びとに、さまざまな対象や客体に、大地と宇宙的自然に、風景に、自己自身を関与させていくということだ。自己自身と対話するということだ。五感を全開させながら、トポスや道を、世界を体験するということだ。日々の生活、日常生活だけが人間のすべてではない。人間は、グループ・ライフにおいて、人びととさまざまな人間関係を築きながら、さまざまなリレーションシップやメンバーシップを体験しながら、また、風景を、道具を、作品を体験しながら、生存しているのである。

おそらく人間を人間関係そのもの、トポスそのもの、道そのもの、生命そのもの、生命力そのもの、生成と存在、プラクシスとポイエシス、さらに世界そのもの、さまざまな旅そのものと呼ぶことができるだろう。人間は、どのようにして人間的に生きることができるのか。自己自身の支えとなるもの、よりどころをいったい何に、どこに見出すことができるのか。どのようにして自己自身のアイデンティティ（存在証明・自己同一性）を築きつづけていくのか。生きがいと楽しみをどこに、何に見出すのか。自己自身の人生をどのように意味づけていくのか。自己自身をどのように理解していくのか。——このようなことが、人間にとっては、ことごとく問題なのだ。

人生の旅びとが、どのような旅を体験しながら、人生行路を歩んでいくのか、人びとのなかで、どのようなケアやサポートを体験しながら、人生の日々を築いていくのか、人生の日々を意味づけていくのか、世界と自己を、生活と生存を、生と死を、どのように自覚しながら生存していくのか、ということは、私たちの誰にとっても大切な生活と生存の、人生の課題なのである。人間は、生活と生存から、生成と存在から、いうまでもなく人間関係から、家族から、人びとから、大地から、風景から、トポスと道から、時間と空間から、逃れることも、離れることも、できない。人間は、どうしても人間的に生きなければならない。人間関係は、人間にとって生きる力なのだ。どのように見ようとも、人間とは、まさに人間関係なのである。

私たち家族三人でギリシアを旅したのは、一九九七年三月もなかばすぎのことである。アテネのほぼ中心部のホテルから郊外に向かうバスのターミナルまでタクシーに乗車、ターミナルからデルポイへ。郊外バスに乗車してギリシアの大地を体験する。平地からしだいに山峡の地へと入っていった。谷間、山峡の斜面などが目に触れるような道をたどりながら、バスはデルポイの町なみに入っていったが、そのデルポイで下車、バスが走った道を私たちは歩いていくらか戻りながら、古代ギリシアの遺跡、デルポイに到着したのだった。小春日和のデルポイ、青空や斜面に姿を見せていた黄色い花が目に触れた風景が、そしていくつもの列柱が、岩肌と糸杉が、私たちのデルポイだった。アポロンの神殿の跡地で神殿のいくつかの列柱を見上げていたとき、青空を白い雲が流れていった。古代ギリシアの円形劇場に立った時、アポロンの神殿の跡地をめぐり歩いた時、神託の地として名高いデルポイが、生き生きとクローズ・アップされてきたのである。デルポイの古代遺跡は、一カ所にとどまらない。私たちは、少し離れたところにあったもうひとつの遺跡を訪れて、そこでも古代ギリシアの時代にもどることができたのだった。「汝自身を知れ」——デルポイは、現代にいたるまで人生を旅する人びとの身近なところで生きつづけているのである。

アテネといえば、アクロポリスだ。アクロポリスは、高い場所(トポス)を意味する。アテネに数日、滞在していた時、私たちは、何度もアクロポリスを訪れたが、いうまでもなくアクロポリスでは、パルテノン神殿やニケの神殿だった。さらにエーゲ海だった。アクロポリスは、みごとな展望台であり、まさに視点とパースペクティヴ(遠近・眺望・視野)そのものといいたくなるようなトポスだった。アクロポリスからかなたにエーゲ海を望むことができた。ある日、私たちは、エーゲ海に臨むアテネの外港から一日のコースで船旅を楽しみ、いくつかの島をめぐり、ある島では古代ギリシアの神殿の遺跡を訪れることができた。

アクロポリスほどみごとなランドマーク、その土地の目印はないだろう。アテネは、アクロポリスによって意味づけられているのである。昼も、夜も、アクロポリスは、パルテノン神殿は、印象的な景観、風景として姿を現していた。ライトアップされた夜景が目に浮かぶ。

アリストテレスは、視界に浮かぶ広さのポリスをイメージしている。ポリスのスケール、適度な規模について彼の見解が表明されているが、ポリスとならんで家族や村についても彼の言葉が見られる。ポリスを都市国家と呼ぶことがあるが、ポリスは、生活共同体としてその姿を見せている古代ギリシア独自の政治組織なのである。「ポリスという組織は、物理的にはその周りを城壁で守られ、外形的にはその法律によって保証されているが、後続する世代がそれを見分けがつかないほど変えてしまわない限りは、一種の組織された記憶である。ポリスは死すべき活動者にある保証を与える」とハンナ・アレントは、いう。

ここでは、つぎにアレントがいう〈活動的生活〉vita activa について彼女の見解を紹介したいと思う。三つの基本的な人間の活動力、いわば、労働、仕事、活動を意味するためにアレントが用いた言葉、それが、〈活動的生活〉なのである。労働という言葉でアレントがイメージしたのは、人間の生命である。生命を維持するために労働がおこなわれるのだ。仕事という言葉とともにクローズ・アップされてくるのは、作品の制作であり、世に残っていく作品だ。作品によって人間の活動が世界に刻印されていくのである。アレントがいう活動とは、人間と人間との組織的社会的活動をさし、活動において人間と人間との相互作用やさまざまな組織などが見られるのである。政治的な活動や組織などが、こうした活動においてイメージされる。

活動的生活は、まさに人間のアイデンティティとひとつに結ばれているということができるだろう。人間においては、おのずから公共的な生活が、特別な意味を帯びてくる。人間はテーブルを囲んでたがいに向き合いながら交わり、リアリティを相互に確かめ合うような状態で生きてきたのである。社会的という言葉は、人間の本質と深くかかわっている言葉だ。「島であるような人はいない」。これは、ジョン・ダンの表現だ。

人間は、人びとのなかで、はじめて自己自身をイメージしたり、理解したりすることができる社会的存在である。存在というよりは生成そのものといえるだろう。人間と人間との共同生活の場面、場面で、たえまなしに相互確認がおこなわれてきたのであり、呼びかけと応答とコミュニケーションが、さまざまな状態で見られたのである。人間は、極限的に個人であり、個体だが、どのような視点から人間へのアプローチを試みても、人間を人びとのなかで、人びととともに見ないわけにはいかないのである。あらゆる意味で人間は相互的で共存的な、また、その状態は、まことに微妙としかいいようがないが、明白に関係的な、まさに社会的な生成／存在なのである。他者理解や相互理解が生活の舞台と場面で求められてはいるものの、誤解や対立、葛藤などが人びとのなかで体験されることが少なくない。だが、生活の舞台では、並存というよりは共存が、相互理解が、呼びかけと応答とコミュニケーションが、協力や協調、同意や了解が、たえまなしに求められているのである。人間はたがいに助け合いながら、たがいに支え合いながら、たがいに呼びかけ合いながら、たがいに手をさしのべ合いながら、生活しているのであり、共存しているのである。そのようにして、生存しているといえるだろう。生命の維持は、人間において必須のことだが、人間的に生きるために、人びとは情熱を燃やしつづけてきたのである。

人間とは、なかば、それ以上に人間関係そのものではないだろうか。特定のグループとグループ・ライフにおいて、また、日常生活と日常的世界のいたるところで、さまざまな人間関係がかたちづくられてきたのであり、私たちの誰もが、そうした多様な微妙な人間関係のなかで、自己自身を支えつづけているのである。徹底的な相互理解と了解、同意と一致が求められるような生活の舞台と場面があるかと思うと、ビジネスライクな人間関係が体験されるような社会的シーンもある。人間は、まことに多様きわまりない人間関係と人間模様のなかに位置づけられているのであり、さまざまな状態で他者に巻きこまれながら、微妙に揺れ動いている社会的現実を日々、体験しつづけているのである。ハードとしかいいようがない社会的現実もあるが、ソフトな社会的現実がある。私と汝、我と汝というような言葉がクローズ・アップされてくるような社会的世界の様相がある。

パスカルは、人間を葦と呼んだが、考える力が人間には備わっているので、人間はただならない存在としてこの世に姿を現しているのである。か弱い人間、葦のような人間は、さまざまな人びとの助けと力を得ながら、さまざまな境遇において、自己自身を支えながら、人生の日々を生きているのである。デカルトは、「われ思う、ゆえにわれあり」といったが、「われ感じる、ゆえにわれあり」、また、「われあり、ゆえにわれ感じる」、さらに「われわれがある、……」などということもできるだろう。身体、世界、場所（トポス）という言葉がデカルトには見られたが、彼は、こうした言葉をイメージしただけで、自己自身の居場所、トポスとしてデカルトが選んだのは、また、信頼を寄せたのは、精神だった。デカルトは、われわれよりは、はるかにわれ、この私、自己に確信を抱いたのである。だが、私たちは、われわれ、人間と人間に、身体に、世界に、場所に、おおいに注目しなければならないだろう。社会的現実は、私と汝、我と汝、人びと、われわれ、私たち、社会的世界、リレーションシップ、メンバーシップ、グループとグループ・ライフ、人間と人間との共同生活、共存状態、互助状態などにおいて理解されるのだから。人間は、人びとのなかで自分自身を見ることができるのだ。他者は、自分自身の姿や自己を見るための鏡となるのである。さまざまな鏡なしでは、誰もが人生の日々を生きることができないだろう。他者、相手、仲間、大切な人びと――とにかく人びとのかたわらで、人間と人間との出会いと触れ合いと交わり、さまざまな人間関係のなかで、人間は、人間として、人間的に生きることができる。まなざしとまなざし、言葉と言葉、声と声、手と手、呼びかけ、応答、コミュニケーション、意志表示、感情表現――人間とは、まさに全身において、身体の部分、部分において、表現そのもの、人間の生存と生命は、表現と表情と深く結びついているのである。人間は微動だにしない堅い存在ではない。ほとんど動きが見られないような静かな状態が見られることもあるが、人間とは、まさに動きであり、ゆるやかな、時には激しい変化なのだ。人間とは、運動そのもの、活動そのものといえるだろう。活動において、行為において、人間を理解しないわけにはいかないのである。人間は、プラクシス（行為・実践）とポイエシス（制作・創造）において、活動と行動、行為によって、世界に働きかけ、世界や環境や状況などにさまざまな変化や変革をもたらし、また、自己に働きかけているような生成的存在なのである。「人間は行動である、さもなければ無である」といった人がいる。ヴォルテールだ。ゲーテの『ファウスト』では、ファウスト博士は、「はじめに行為があった」という見解に到達したのだった。デカルトの「われ思う、ゆえにわれあり」を念頭に置きながら、「われ行為する、ゆえにわれあり」といった日本の哲学者がいる。西田幾多郎である。西田は、人間にとっての真の環境を世界と呼んでいる。そうした世界は、西田が見るところでは、歴史的社会的世界、表現的世界、人格的世界、創造的世界なのであり、世界は、歴史的空間、まさに人間にとっては根本的なトポスとして理解されたのである。西田幾多郎においては、つぎのようなさまざまな自己像が姿を見せている。――身体的自己、意識的自己、人格的自己、創造的自己、ポイエシス的自己、このように自己へのさまざまなアプローチが見られたが、西田においては、私と汝において人格的自己が姿を現していることが注目される。自己は、社会的自己として理解されているのである。西田は、社会をポイエシスの様式と呼んでいる。世界は、あくまでも現実的な出来事の世界であり、日常的世界という言葉が、西田哲学において、クローズ・アップされてきている。西田哲学とはいうものの、哲学とならんで人間学が、ほとんど同時的に姿を現しているのである。西田には行為的直観、歴史的現在などという言葉が見られる。

フランス哲学について考察した時、西田幾多郎は、フランス語 sens（西田はサンという）に注目し、また、モンテーニュの方法とスタイルに共感を示している。西田は、そのうえで日常的世界を哲学のα《アルファ》、ω《オメガ》と呼んだのである。日常的世界へのアプローチにおいてあざやかにクローズ・アップされてくるのは、人間関係ではないだろうか。

人間は、さまざまな希望の星を探し求めながら、そうした希望の星によって囲まれながら、人生の日々を生きているのではないかと思う。夜空に光り輝く星にまなざしを注いだカントは、人間がそこで生きている世界と人間にも注目している。人間は驚くべき自然のまったただなかで生きてきたが、希望の星と呼びたくなるような大切な人びとのかたわらで、そのような人びとによって支えられながら、人びとそれぞれの人生行路を旅してきたのである。人間、身近な人びと、家族の一人、一人、重要な他者、自己自身にとって特別な人間、そのような人びとによって支えられながら、私たちの誰もが、口常生活の舞台に、生活と生存の領域と領野に、究極のトポスともいうべき〈世界〉に姿を現しているのである。支えとなるもの、よりどころとなるもの、希望をもたらしてくれるもの、私たちに人生を生きるための力を与えてくれるもの、私たちの身心を支えてくれるものなどが、人生を旅する私たちにはどうしても必要なのだ。ケアとサポートこそ人間の条件なのである。

福祉という言葉をどのようにイメージしたり、理解したりすることができるのだろうか。人生の日々を生きる希望と人間らしい生活と生き方、人間の幸福、人間のアイデンティティ（自己同一性・存在証明）、人間の条件、これらのことごとくが、〈福祉〉という言葉に集約されているのではないかと思う。〈福祉〉とは、なによりも生活そのもの、人生そのもの、幸福そのもの、人間にとっての希望と生きがいそのものではないかと思う。人間福祉であろうと、社会福祉であろうと、福祉の諸領域とさまざまな舞台、福祉の世界の中心に姿を見せる言葉、キー・ワードがある。それは〈ノーマライゼーション〉という言葉だ。福祉は、まさに人間の条件なのである。

人間形成、人間の生成と存在、人間の、その人自身のアイデンティティの構築、人間としての生活と生存、人生を旅する楽しみと喜び、生きがいと希望によって包まれた日々と人生、ノーマライゼーション――これらのいずれもが、社会的と呼ばれるような生活環境と生活世界、環境世界において理解されるのである。

人間にとっては、なによりも人間こそが気がかりだが、相互理解とコミュニケーションにおいて、目と目との、まなざしとまなざしとの、手と手との、さまざまなスタイルと方法によるところの人間と人間との、触れ合いと交わりによって、私たちの誰もが、自己確認をおこないながら、自己自身の心身・身心と自己自身を支えているのである。さまざまな仕方で他者に、その人に、大切な人に、世界に、また、作品や道具に、大地や風景に、宇宙的自然に、天空に、星に、光に、風に、水に、緑に、草花などに触れることは、私たち自身の生活と生存において、人生を旅する道々において、私たちにとってきわめて大切なことなのである。

触れること、それは、まさに根源的な世界体験なのである。人間は、この世界に姿を見せたその時から、世界に、人びとに、道具に、作品に、風景に、さまざまなオブジェ、物体や対象に、巻きこまれた状態で、生きているのである。人間においては、生活という言葉とならんで生存という言葉が、深い意味を持っていると思う。生存は、生の自覚とひとつに結ばれているのである。生存の自覚は、人生を生きる喜びそのものではないかと思う。

人間は、過去を封印したままで生きることは、とうていできないだろう。過去は、いつでも、この現在において生きているのである。目ざめた状態にある過去がある。それは記憶だ。人間の生活と生存は、過去によっても、未来によっても、意味づけられている。方向づけられているのだ。希望を抱くということは、人間にとって大切なことだと思う。夢を追いつづけることはできないが、人間とは、現実に巻きこまれながらも、夢と希望のなかで前向きに生きつづけようとする意欲的存在、生成であるとともに存在なのである。人間存在という表現と言葉があるが、人間は、本来的には生成そのものではないだろうか。生きるということは、流れつづける、変わりつづける、持続そのものでありつづける、ということではないかと思う。生命とは、生存そのもの、人間は、なによりも生命のうちにある。生命と人格において人間がイメージされる。理解される。身体は、人間の現前そのもの、カントは、人間の手を目に見えるようになった脳と呼んだが、人間の手や掌、指、指先に注目した時に、驚かない人はいないだろう。手も、掌も、指も、まったく驚くべき眺めであり、私たちを思わずハッとさせてくれるような光景だと思う。手も、指も、静止というよりは、動きそのものなのである。その微妙な動き、触れる、握る、握りしめる、さまざまに変化する手や指の姿と形——人間の風景として、手や掌や指ほどみごとな風景はないだろう。手や掌や指のまことにゆたかな表情がある。顔面は、表情そのもの、表現そのもの、表情や表現という言葉には特に注目したいと思う。人間も、人間の身体も、手も、掌も、指も、表情と表現という言葉とともに理解されるのである。

ふつうの人間としてふつうの生活を営むこと――ノーマライゼーションという言葉にこめられている意味だが、ふつうの生活とは、どのような生活なのか。自己自身の生活と身辺、人びとがそこで生きている日常的世界、人間にとっての幸福と人間としての生きがいなどに注目しながら、あらためてノーマライゼーションと福祉について、福祉社会と福祉文化について、理解を深めていくことは、現代の時代状況と生活環境、人びとの日常生活の変化をふまえて、きわめて大切なことではないかと思う。いまや福祉は、人びとの生活のあらゆる場面でクローズ・アップされてくる現代の中心的モチーフなのである。人生をどのように生きていくかということほど身近な人間の課題はないだろう。誰の場合でも福祉は、きわめて身近な日常的なモチーフなのである。ケアとサポート、相互理解と相互扶助、共存、コミュニケーションなどが、人生の旅びとにとっては、必須のことなのだ。人間は、まことにさまざまな人びとの手を借りながら、力を借りながら、人生の日々を生きているのである。人間――この二文字には、人間の姿がみごとなまでに浮かび漂っているといえるだろう。人間と社会は、ひとつに結ばれているのである。人間、社会、さらに生活、生存、人生、これらのいずれに注目しても〈福祉〉が浮かび上がってくるといえるだろう。福祉の問題は、人間の問題であり、人間の日常生活の問題、人生の生き方の問題なのである。

人生、それは、誰の場合でも、まことに長い道筋、果てしない道程なのである。無限につづく道ではない。だが、人生と呼ばれる道にはどことなく無限感が漂っている。一日、一日をどのように生きていくか、私たちの誰にとっても大きな課題だ。生存の喜びは、自己自身においてだけ体験されるものではないだろう。身近な人びと、家族の一人、一人との関係において、さまざまな人間関係において、共存において、生存の喜びが体験されるのである。和辻哲郎は、人間を間柄存在と呼ぶ。人間は、個人であり、しかも社会なのだ。九鬼周造は、人間を距離的邂逅的存在と呼んでいる。堂々めぐりでは、人間は、出会いを体験することはできないのだ。確かに人間は、出会いと相互理解、さまざまなコンタクトと呼びかけと応答を期待しつづけているのではないかと思う。一人旅では人生と呼ばれる旅に誰もが耐えられないだろう。旅の道中においては、ともに旅する人びと、心強い人びと、大切な人、道しるべ、安らぎと慰めを与えてくれるもの、地図、道案内となるもの、さまざまな楽しみごと、やさしい風景、美しい風景、雄大な風景、ほっとするような風景、旅の宿、すばらしいトポスなどが必要とされるのである。

道端に注目しないわけにはいかない。道端にはさまざまなオブジェや目印や道しるべが姿を見せている。道の中央部分を歩くよりは道端に沿って歩く方が、歩きやすい。こうしたことに気づいていた人がいる。モンテーニュだ。道を歩む時には、どうしてもさまざまな矢印、目印、道しるべ、ランドマーク、土地の目印、目につく風景が必要だ。目に触れる風景のほかに、サウンドスケープ、音の風景が体験される。人びととの暮らしがみごとな人間の風景、生活の風景となって、道ゆく人びとによって体験される。ランドスケープ、風景となら んでスカイスケープ、空の風景が私たちによって体験される。漂い流れてくる匂いがある。匂いの風景がある。世界は、いずこにおいても風景的といえるだろう。人間と人間との出会いや触れ合い、共同生活、人間関係は、どのような場合でも風景とひとつに結ばれているのである。プルーストは、こうしたことに着眼している。プルーストは、それぞれの土地のさまざまな風景が、まるで人間の顔や人格と同じように個性的だ、と書いている。だからどうしてもその土地を訪ねてみないわけにはいかないのだ。

道端に咲く野の草花、かなたの風景、空に浮かぶさまざまな雲、人びとの暮らしの風景、風景となって目に触れる人間、人間の話し声、音の風景、人生を旅する人びとは、こうしたさまざまな風景によって慰められるのである。人間の味方となってくれるような風景がある。

人生行路、人生と呼ばれるスケールが大きな道は、凹凸やカーヴなどがつぎつぎに体験されるような道ではないだろうか。時にはぬかるみや道なき道、迷路のような道などを歩まなければならないこともある。起伏が体験されるし、状態がよくない道を進まなければならない時もある。ほとんど直線的なデカルト風の道は、人生行路においては一般的とはいえないだろう。

どのような道、どのようなトポスが、人生行路において体験されるのかということは、私たちにとって気にかかることだ。安らぎとくつろぎのトポスといえば、なによりも自宅、マイ・ホームだ。家でくつろぐ、まさに at home という言葉が浮かんでくる。自宅・家のなかとさまざまなトポスに見られるベッドサイドとでは、状況も環境も様子も雰囲気もまったく異なっているが、いずこにおいても人間と人間とのさまざまな輪が、人間と人間とのさまざまな触れ合いと交わりが、人びとによって体験されるのである。私たちの誰もが、人びとの一人にすぎないわけではない。この私自身であり、世界で唯一の独自の個性的人格なのだ。ベッドサイドにおいては、人間のむき出しの人間性と人格性が、親密な人びとのあいだで、家族のひとり、ひとりのあいだにおいて体験されるのである。

ところで私たちは、life, Leben, la vie などという言葉をどのように理解したらよいのだろう。西田幾多郎は、ライフの研究者となることをめざしたが、およそ人間や人間の生活へのアプローチを試みようとする場合には、このような言葉についての感覚を研ぎ澄まさないわけにはいかないだろう。人生と生活と生存は、たがいに深く結ばれているのである。生という言葉がはっきりとクローズ・アップされてくる。人生も生活も生存も、まさに生そのものではないかと思う。生とは人間の輝きであり、人間のまことに人間的な風景ではないかと思われるが、人間の生存の深さも、生も、生と死において、死を視野に入れてこそ、深く理解されるのである。

人間は、初めから不安な状態に置かれているのだが、人間は、希望を抱きながら、人生の日々を旅しないわけにはいかない。幸福は人間の生活感情の根底において理解されるのではないかと思う。人間とはまさに生きながら生きようとする力であり、希望そのものなのだ。

絶望を死にいたる病と呼んだゼーレン・キルケゴール、彼は、一八三〇年代に発表されたエセーのなかで、人間は、一日の大部分を公衆として過ごしている、という。キルケゴールは、無名の抽象的で平均的な人間像を公衆と呼んだのである。それから約百年後、ハイデッガーは、ダス・マン das Man〈ひと〉という言葉を用いながら、この言葉で日常性の主体、誰でもあるとともに誰でもない人間を意味したのである。ハイデッガーのこうしたダス・マン像は、キルケゴールがいう公衆と呼ばれる人間像に見られることは、おおいに注目される。街頭をいく人びと、広場や公園や駅のプラットホームにいる人びとは、まぎれもなく〈ひと〉であり、公衆だが、家族と食卓を囲むこの私は、抽象的で無名の不特定の人間でもなければ、あいまいな一個人にすぎないわけでもない。家族とは、本来的には離れがたいほど緊密に相互に結びついている人びとをさすといえるだろう。このような人びとの中心に姿を見せるのは、食卓だ。家族全員で食卓を囲むことには、このうえなく深い意味があるのである。テンニエスは、家族をイメージしながら、親密な水入らずの生活をゲマインシャフトの生活と呼んだが、かまどや食卓などが、ゲマインシャフトの生活の中心に姿を現しているのである。食事の場面は、相互的信頼と了解の舞台なのだ。

医療や看護、また、介護、さまざまなケアやサポートのさまざまなトポスや場面に姿を見せている人びと、患者、看護や介護などを必要としている人びと、こうした人びとのひとり、ひとりは、たしかに患者などと呼ばれることがあるし、平均的で一般的な人間、個人として人びとの前に姿を見せていることが多いだろうが、個人、個人は、まさにオリジナルな唯一の具体的で人格的な特定の人間なのである。ある意味では人間とは個性、唯一性、独自性と多数性、一般性、平均性とのあいだといえるだろう。だが、人間は匿名性や平均性、無名性に還元されてしまうようなふたしかな存在、生成／存在ではない。人間の誰もが、個別的な宇宙なのであり、厳然たる状態でまぎれもなく世界でふたりとはいない唯一のこの人、特別の人格的人間なのである。人格という言葉と人間のアイデンティティという言葉に同時に注目したいと思う。人間の理解にあたって大切なことは、私たちの誰もが、独自の、唯一の、個性的人間であることを深く理解することだが、人間と人間との関係、リレーションシップとメンバーシップに注目しなかったら、人びととのなかで人びととのつながりのなかで生きている社会的人間のさまざまな社会的現実に注目しなければ、人間のアイデンティティと人間性について理解することができない。世界が人間とともにクローズ・アップされてくる。世界との触れ合いとつながり、世界における人間の位置づけが、人間においては問われるのである。人間は、世界に、他者や人びとに、道具や作品に、トポスや道につなぎとめられているのである。漂流状態と宿なし状態、カオス（混沌）、空白、空虚、迷路、無意味、道しるべや目印なしの状態、孤立状態、無表情、コミュニケーションの断絶は、人間にとってきわめて恐ろしいことなのである。

私たちの誰もが、トポスと道を、光を、支えとよりどころを、力となるものを、ゴールを、信頼できる人を、たえまなしに探し求めつづけているのである。ハンナ・アレントは、人間を条件づけられた存在と呼ぶ。

なんとさまざまなトポスがあることだろう。休息と安眠の、治療と静養のためのトポスとしてベッドほど注目されるトポスはないだろう。ベッドサイドと呼ばれるトポスには特に注目したいと思う。ベッドサイドにおいて体験される人間関係と人間のアイデンティティがある。ベッドサイドは特別なトポスであり、人間の原風景、人間と人間との触れ合いと交わり、さまざまな人間関係と人間模様がクローズ・アップされてくるような、人間の生があざやかにそこに姿を見せる大切なトポスなのだ。人間のドラマは、ベッドサイドから始まるといってもよいだろう。ベッドサイドでは、なんと深い人間的時間が流れていくことだろう。思い出、郷愁、記憶、過去、人びとそれぞれの生活史、体験された時間——とにかく人間は全面的に意味のなかで生きているのである。

人間は過去に浸り切りながら生きることができるとは思われないが、過去は、人間にとっては、おおいなる支えとよりどころとなるものであり、過ぎ去ったある日の出来事や旅の日々などを思い浮かべるだけで、人間は元気を取り戻すことができるような記憶の証人なのである。

生とはまさに持続的な生への熱情であり、記憶を呼び覚ましながら、前へ前へと進んでいくことではないかと思われるが、未来展望と希望は、生の活性化と人生の日々を意欲的に生きるために、きわめて重要だと思う。ジンメルは、生をたえまなしの先への流れ、過去と未来、溢流と呼んだが、こうしたジンメルの見解に共感を覚える。「時は過ぎゆく、光陰矢の如し」TEMPUS FUGIT という言葉があるが、過ぎゆく時のなかで、自己自身の生成と存在を、また、自己の生活史を、自己自身の世界に、また、相互主観的な社会的世界に、さらに、風景的世界にどのように刻みつけていくかということが、人生の旅びとである私たちにとって気がかりで大切なことではないかと思う。

人間関係は、人生の旅びとひとり、ひとりにとってかけがえがないほど大切であり、私たちは、人生を生きる楽しみと希望を、また、生活と生存のよりどころと支えを人間関係に見出すことができる。人間関係のなかでも家族関係、親子関係、夫婦関係、友人関係、重要な他者たちとの人間関係などは、誰においても命綱ではないだろうか。家族は、あらゆる意味で特別なグループであり、全面的な信頼と共感と了解、相互理解が、時とところとを問わずに体験されるような人間のグループなのである。限りなくソフトでしなやかな人間関係の宇宙、コスモス、それが家族なのだ。家族の理解にあたっては、家庭という言葉にも注目したい。家はトポス、人間の居場所、部屋、坐席、そして庭、庭園は、本来、楽園、パラダイスなのである。

医療と看護と介護、ケアとサポートのさまざまな現場に姿を見せるベッドとベッドサイドがある。身体とともに、人間の個性と人間性、人格、人びとそれぞれの生活史、唯一の人間がそこで生きてきた世界(人間の生活と生存の舞台と領域・領野)、個人のパースペクティヴともいえるパーソナルな世界と相互主観的なインターパーソナルな社会的世界が、クローズ・アップされてくる。

ベッドサイドは、医療や看護の場面においてであろうと、介護や福祉のさまざまな場面においてであろうと、さまざまな人間関係の結合点、交差点、凝集点、広場、トポスなのである。こうしたトポスにおいてこそ、まことにきめこまやかな人間と人間との触れ合いと交わり、相互理解とコミュニケーション、人間関係、人びとそれぞれのさまざまな思いと願望、祈りと希望などがつぎつぎに浮かび上がってくるといえるだろう。ベッドサイドは、凝縮された人間的空間であり、人間と人間とのまことに濃密な触れ合いと静かな対話、時には無言の相互理解などが私たちそれぞれにおいて体験されるまことに人間的なトポスなのである。

ベッドサイドにおいて注目されるのは、人間の身体の現前、個人の人格性、人間の絆などだが、客観的身体とならんで現象的身体、いわば個人みずからが生きている（体験している）身体、また、身体の向きや角度、姿勢、身体の動き、身体の状態と具合、容態、精神状態、コンディションなどがクローズ・アップされてくるのである。ベッドサイドに姿を見せている患者の家族や関係者、ケアやサポートなどを受けている特定の個人と結ばれている人びとなどにとっては、ケアやサポート、看護などを受けている人びとそれぞれの身体と精神の状態、また、健康の状態などを初めとして、ベッドに姿を見せている人間のすべてが気がかりなのだ。手当を受けたり、治療されたり、看護されたりする時には、身体の位置と向きの角度、そのトポスの状態、生活環境、看護師や医師などとの人間関係、身近な家族のひとり、ひとりとのつながり、家族の励ましとサポートなどがきわめて重要だ。

看護師や医師それぞれのポジション、任務、役割、役割行動、生活観、人生観、ヴィジョンなどがある。人間の生活と人生、人間の生存などについて、きわめてきめこまやかな理解と洞察力が、このような仕事についている人びとには求められるのである。クライアント、介護を受ける人びと、患者にとっては、ベッドもベッドサイドも、身体的にも社会的にもきわめて大切なトポス、居場所、住居、家、部屋、坐席、クッションなのだ。

臨床という言葉がある。一般的には病床に臨むこと、それが臨床という言葉の意味だが、人間と人間との出会いと触れ合いの現場、人間の身体と精神の現前のトポス、人間の生成と存在、人間の生活と生存がそこにおいてクローズ・アップされてくる舞台――臨床という言葉をこのように理解したいと思う。観察、考察、判断、理解、対話、相談、助言、コミュニケーション、診断などが臨床の現場においては求められるのである。臨床の舞台と場面においては、あくまでも人間と人間、人間関係、共有されるような社会的現実、生活環境などが、浮かび上がってくる。人間の理解にあたっては、なによりも生活と生存の舞台と領域、生活と生存の現場に注目しなければならない。対面状況は、臨床の広場であり、現場なのだ。こうした現場と広場においては、おそらく誰もが、人間の生活と生存の諸様相、生存の深みと領域などを体験するにちがいない。臨床という言葉は、病床に限定されるものではなく、面前における人間の現前の現場を意味する言葉ではないかと思う。人間の生活と生存の現場、フィールドほど私たちにとって大切なトポスはないだろう。

「人間学を学び取る」。大妻コタカ先生の言葉だが、人間と人間との対面のシーン、人間と人間との出会いと触れ合いのステージであるならば、いずこも人間について学び得るトポスとなるはずだ。「人間学を学び取る」。この言葉は生活態度や生活観、人生観、価値観、世界観などが表現されている注目さるべき言葉だと思う。この世界に一人の人間として姿を見せているからには、人間についての理解を深めないわけにはいかないのである。人間は、人間と人間との人間関係において、世界において、臨床の現場において、福祉のまことにさまざまな領域と舞台において理解されるのである。世界、それは、人間にとっては根源的なまことに深いトポスなのだ。

ところでベッドやベッドサイドで耳に触れるさまざまな音がある。音楽がある。医療機器のさまざまな音、人間の身体から発せられる音、音楽のリズムとハーモニーとトーンなど音の宇宙がある。

いま、パンフルートの音が流れている。パンフルートのまことに独特の音色とムードがある。「蝶々夫人」のメロディだ。二〇〇五年一月一日、元旦、一五時三〇分。朝、窓から見えたのは、まるで雪原の風景、だが、よく見ると屋根、また、屋根、市街地の雪だった。大切なトポス、六階の窓からの雪景色だった。昨日、十二月三十一日、一時少し前、デイルームの窓から空から大きな雪片が落ちてくる雪景色を眺めることができた。大きな舞い落ちるような雪片は、しばらくして、小さな雪の粒となった。雪の日だった。デイルームからは、ガラスの壁と呼ぶこともできるような、いくつもの大きな枠がある窓から富士山が見える。向きを変えると多摩丘陵が見える。観覧車が姿を見せている丘陵のトポスがある。

今日、元旦は良く晴れている。いまでは窓の外の景色は、いつもの市街地の風景だ。かなたには秩父の山なみが見える。稜線が目に触れる。いま流れているのは、日本の歌、メロディ、鮫島有美子の「朧月夜」の歌唱がやさしく耳に触れている。癒しの音楽だ。ベッドサイドのボードには、スケッチの小品、「富士山」が飾られている。クレヨン画だ。ルームの縦長の窓には千羽鶴が飾られている。ほんとうに美しい。千羽鶴、四東によってこの治療と看護の、ケアとサポートの、養生のトポスが彩られている。昼すぎ、六階の廊下のピクチャーウインドから、この日もふたたび富士山をスケッチした。前山が見えるが、そのすぐ後に富士山が姿を現している。向きを変えると、かなたには多摩丘陵が見える窓がある。東の方向だ。いま、流れている歌は、

「からたちの花」……こんどは、「夏の思い出」、水芭蕉が姿を見せる歌だ。

人間は、まさに身体そのものだが、身体は人間にとって根源的なトポスであり、しかも人間の支えなのである。人間は身体に住みついているのだ。身体ほど人間にとって頼りがいがあるものはないが、身体は不安材料でもあるといわざるを得ないだろう。身体と折り合いをつけることは、誰の場合でも、つねにおこなわれているといえるだろう。そこで人間が生きている世界は、なによりも身体によって意味づけられているのである。また、そのような世界は、人びとによって、他者によって、人間によって、風景などによって意味づけられているのだ。

「早春譜」の曲が流れている。信州の大地と光と風、水の流れが、イメージされる。二〇〇四年八月下旬、私たちは、松本駅近くのホテルに投宿して、美ヶ原を訪れ、翌日は安曇野を旅したのである。長野県北安曇郡穂高町、道祖神やわさび田などで広く知られているトポスだ。穂高町を流れる穂高川の堤防、土手の道のとあるトポスに「早春譜」の里を記念する石碑などが姿を見せていた。水の流れが目に触れるやさしい風景が視界に広がっていたが、そうした風景とともに「早春譜」の里でこの土地の音の風景が体験されたのである。

私たちは、上高地で二泊してから松本に到着したのである。日本を代表する山岳風景と山峡の盆地の風景と清流、梓川の風景が、上高地で体験されたが、穂高連峰の風景と梓川の景色、森林や池の風景などが、まぶたに残っている。晩夏の上高地は、まことにみごとな風景のトポスだったが、さまざまな人びとや旅びとの姿が目に映った。晩夏の光と輝きがあった。

梓川は安曇野で高瀬川と合流して犀川となり、善光寺平に流れ出ると、そこで千曲川とひとつになり、千曲川は、長野県から新潟県に入ると信濃川となる。北アルプスの槍ヶ岳が源流となっている梓川の流れと水は、犀川、千曲川、信濃川となって、越後平野を貫流して、日本海に注ぐ。長野市から飯山市に向かう途中だが、千曲川に沿ったところに、長野県下水内郡豊田村がある。この村の出身者に高野辰之がいる。広く知られている「故郷」の作詞者だ。数年前のことになるが、この村にある高野辰之の記念館を訪れたことがある。この二カ月以上にわたって、私たちは、「故郷」をどんなにか耳にしたことだろう。この歌が耳に触れると、信濃国、信州の大地と風土と風景、風光が、人びとの暮らしとともに浮かび上がってくる。この「故郷」は、まさに日本の原風景そのものではないかと思う。

音の風景、サウンドスケープ、風景、ランドスケープ、空の風景、スカイスケープ……こうしたさまざまな風景は、たがいに結びつきながら、人間の風景、生活の風景となっているのではないだろうか。風景とは、まことにただならぬものなのだ。そしてただならぬものというならば、なんといっても人間だろう。ひとりの人間の現前から目を離すことはできない。

人間の手に人間の手が触れる。人間の手が人間の手によって、両手によって包みこまれる。一方の手の親指に親指が触れる。親指が手によって包みこまれてしまう。手のドラマ、指のドラマは、みごとなまでに人間のドラマ、人間と人間とのドラマなのだ。耳に手が触れる。右手の親指で何度も左の耳をさする。手と耳との触れ合いだ。手の姿と形、耳の姿と形、そうした姿と形、手で手や耳に触れた時の感触、なんと心に残ることだろう。

人間と人間とのまことに微妙なふれあいと交わり、感触、応答、対応、コミュニケーション——自己と他者、人格と人格、我と汝、唯一の人間と唯一の人間——人間が人びとのなかに姿を現している、そうしたシーンほど私たちにとって注目に値するシーンはないだろう。

一人の人間は、まさにみごとなまでに世界なのである。人間とともにパーソナルな世界とインターパーソナルな世界が姿を見せる。シェイクスピアであるならば、すべてこの世界は舞台なのだが、人生を旅する私たちは、世界と呼ばれる舞台で人間の生活と生存のドラマの共演者であることを自覚しなければならないだろう。このような舞台においては、主役でないような人間はいないのである。私たちの誰もが、観客として舞台を眺めているようなわけにはいかないのだ。

さまざまなトポスと道において、人間が、人間と人間が、人間関係が、理解されるのである。「愛するとは、たがいに見つめ合うことではなく、一緒に同じ方向を見ることだ」。――これは、サン＝テグジュペリの言葉だが、まさにそのとおりだと思う。だが、たがいに見つめ合うことにも深い意義があることを認めないわけにはいかないだろう。手と手であり、まなざしとまなざしなのだ。忘れがたいほど澄み切った目がある。目は、全身の窓なのである。

ここでは、西田幾多郎の言葉とマルティン・ブーバーの言葉を紹介して、ピリオドを打つことにしたいと思う。

人間の世界は単なる苦楽の世界ではなくして、喜憂の世界、苦悩の世界、煩悶《はんもん》の世界である。我々の自己の貴き所以のものは、即ちその悲惨なる所以のものである。

西田幾多郎

感情は〈所有されるもの〉であり、愛は生ずるものである。感情は人間の中に宿るが、人間は愛の中に住む。これは比喩ではなく、現実である。愛は〈われ〉につきまとい、その結果、〈なんじ〉をただの〈内容〉や、対象としてしまうようなものではない。愛は〈われとなんじ〉の〈間〉にある。

マルティン・ブーバー

さまざまなトポスと道において、人間と人間との人間関係において、人間が、人間の生活と生存が、理解されるのである。おそらく誰の場合でも人間、人間と人間、人間関係という言葉ほど手ごたえがある、また、底なしの深さがイメージされる言葉はないだろう。

【引用文献】

上田閑照編『自覚について　他四篇　西田幾多郎哲学論集Ⅲ』岩波文庫、三五八頁、場所的論理と宗教的世界観。これは、西田最後の完成論文、発表されたのは、没年の翌昭和二一年（一九四六年）二月に刊行された『哲学論文集第七』においてのことである。

マルティン・ブーバー、植田重雄訳『我と汝・対話』岩波文庫、二三頁、我と汝、一九二三年。

ハンナ・アレント、志水速雄訳『人間の条件』ちくま学芸文庫、三一九頁、第五章　活動。原著刊行、一九五八年。

時は過ぎゆく。季節はめぐる。風景が変わる。光が変わる。

さまざまな花が、そこ、ここに姿を見せている。さまざまな花それぞれの季節がある。草花は、まさに季節であり、季節感なのだ。ジャン＝ジャック・ルソーは、植物を大地の飾りと呼ぶ。

アネモネは、まことに美しい花だと思う。その姿とかたち、色、色彩、表情、雰囲気、風情、風景……アネモネには、どことなく不思議さが漂っている。魅力的な花だ。アネモネは、夜になると眠りにつく。夜が明けて、明るくなってくると、目覚める。開眼する。人間的な花だと思う。ほんとうに人間そのものだ。アネモネの詩情があり、感触がある。この花には人間の瞳や目がイメージされるようなところがある。アネモネの模様がある。大小さまざまなアネモネ、アネモネのまことにさまざまな姿とかたち、色合いと色彩、さまざまな模様、変化していくアネモネを見つづけてきた。アネモネとともにギリシアと地中海世界が、クローズ・アップされてくる。アネモネは、風の花とも呼ばれてきたのである。

山岸美穂との対話——このエセー「人間の生活と生存の舞台と領域 — 人間と人間／トポスと道と—」は、私自身にとってかけがえがない対話なのである。社会学・感性行動学・サウンドスケープ研究の研究者として生活と生存の舞台で人生の日々を生き生きと晴れやかに生きつづけた、心やさしい感性ゆたかな人生の旅びと

のかたわらに、レイチェル・カーソンのつぎのような言葉を添えたいと思う。

センス・オブ・ワンダー

この私が生きている限り、山岸美穂との対話、語らい、共同の研究と家族三人でのさまざまな旅は、つづいていくだろう。私たち家族三人での人生の旅は、いまもなお、つづいている。

【文　献】

山岸　健編著『家族／看護／医療の社会学　人生を旅する人びと』三和書籍、一九九五年。

山岸　健・山岸美穂『日常的世界の探究　風景／音風景／音楽／絵画／旅／人間／社会学』慶應義塾大学出版会、一九九八年。

山岸　健『人間的世界と空間の諸様相　人間／人間関係／生活／文化／東京／風景／絵画／旅／社会学』文教書院、一九九九年。

山岸美穂・山岸　健『音の風景とは何か　サウンドスケープの社会誌』NHKブックス853、日本放送出版協会、一九九九年。

山岸　健『人間的世界の探究　トポス／道／旅／風景／絵画／自己／生活／社会学／人間学』慶應義塾大学出版会、二〇〇一年。

山岸　健『日常生活と人間の風景　社会学的人間学的アプローチ』三和書籍、二〇〇二年。

【エピグラフ　文献】

V・ミヒェルス　編　岡田朝雄訳『ヘッセ画文集　色彩の魔術』同時代ライブラリー91、岩波書店、一九九二年、一二三頁、四月の夜にしるす。

利用者の生活を支える介護のあり方

小池　妙子

Ⅰ　介護するために生活を知る必要性

1　介護の目的と対象

介護とは、高齢者・障害者など要介護者の生活の場における日々の生活行為について支障が生じ、他者の援助を必要としている人に対し介護の立場から行う継続的援助です。

介護の対象は高齢等のために心身の機能が低下した人、病気を持っている人、病気が治っても機能低下をきたした障害を持つ人びとです。従って、要介護者の生活環境を整え、かつ生活の拡大、充実を目的とする介護従事者の役割はその人の過去から現在までの生活歴、健康問題、生活様式、生き方など総合的にみていくことが必要です。

例えば、高齢者は出生から今に至るまで長い時間・時代を生き抜いてきました。高齢者を六十五〜百歳までの幅でとらえると、後期高齢者のそれは明治・大正・昭和・平成と四つの激動する時代の中での戦いであったともいえるでしょう。高齢者はそれぞれのライフステージ(人間が誕生から死に至るまでのさまざまな過程における生活史上の各段階のこと。幼児期、児童期、青年期、成人期、老年期)を乗り越え現在に至っています。そして、今後なお残された人生をその人なりに生き続けていくことでしょう。そのライフステージの出来事がその人の支えとなり現在まで脈々と生き続けその人の人生観となっています。

介護実践は人間関係が成立して始めて技術を提供できます。そのため、高齢者の生き方、暮らし方、健康に対する価値観を理解し、その人に適した自立の方向性を探り、より快適で充実した生活が送れるように援助することが必要です。

つまり、高齢障害者を身体的、心理的、社会的な面から理解し、その人の健康状態がどのような状態におかれていても、それまで大切に保ち続けてきたその人の暮らし方や生活リズムを取り戻すところまで援助することです。

2　介護の機能と介護従事者の役割

疾病や障害によって生活に支障を来たし、介護従事者の手助けが必要になってくると、その人の生活環境、日々の生活リズム、その人らしい生活様式、生活空間の拡大、生活の充実化などさまざまな支援が必要になってきます。いわば介護の機能は、その人の生活全体にかかわることです。

また、介護はその人が生活する上で備えるべき能力（体力、知力、意志力等）の欠けている部分に介護の側面から援助することです。その援助とは生活環境の整備をはじめ食事・排泄・清潔などの日常生活上の代行行為や見守り、指導などの心身の自立支援や生活空間の拡大をはかり、その人らしい充実した生活が送れるように支援することが大切になります。そのためには、介護の機能として以下の項目に留意する必要があります。

生活環境の確保

さまざまな障害をもつ高齢者・障害者の生活環境を確保することです。その人にふさわしい生活行動が適切にできるように衣食住に関し援助することです。介護従事者は住環境の調整に留意し、体位、姿勢の保持、正しい移動動作、食事、排泄、衣服、清潔への援助技術を習得、福祉機器、介護用具の活用を図り自立支援を行います。また、正しい生活リズムの調整、健康障害時の対処行動・緊急時の連絡先についての知識をもち関係職種との連携をはかります。もし、高齢者や障害者が自ら生活環境の確保ができていれば自分の居場所を把握でき経済状態の安定にもつなげることもできるでしょう。それが身体的のみならず生活の自立への促進を図ることです。

生活環境の拡大

人の生活は本来、拡大・発展・成長などを必要とし、停滞は生活保障の不足の結果です。要援護者の生活環境の拡大とは、身体的には社会参加をとおしてレクリエーション・運動など、精神的には教養、趣味、娯楽の提供など本人の望んでいる、あるいは望ましい新たな経験の必要性の確保です。

生活環境の充実化

人間は自分の経験してきた食事作り、布団の上げ下ろし、花壇の水やりなどの生活習慣を通して人間相互間の生活への参加することが望まれます。なぜなら、すべての感覚が刺激されるような生活を体験できる機会に続けて参加することにより愛情や葛藤など喜びや悲しみを経験するからです。生活に参加することが人間らしく生きることの基本です。介護従事者はそれらの機会を積極的につくり取り入れることが必要です。

Ⅱ　生活の概念

1　生活とは何か

介護はその人が望んでいる生活ができるように自立に向けて支援します。そのため要介護者の生活に視点を置き「生活している人」としてとらえることが必要です。

生活とは「生存して活動すること・生きながらえること・くらしてゆくこと」と辞書にあります。人間が生きること、そのものが「生活」です。しかし、ただ生きるのではなく生きて活動する。そのプロセスにおいて人間関係を基盤とした個別性、多様性があり、さまざまな状況に変化がおきます。そのプロセスにおける状況の変化を「生活」ととらえることができます。

人間の生活は、物質代謝活動の慣習的な繰り返しではなく、その行動が歴史的に創造され社会性を持つところに特質があります。つまり、人の生活とは一定の歴史的条件のもとに社会関係を通じて、生命を営み、文化を享受・創造するために行う日常的な過程といえます。

生活を物質代謝の面から分類すると食生活、住生活、衣生活とに分けられ自然環境の影響を受けています。この他に教育・学習・趣味・宗教信仰など精神文化に関する生活が展開されます。

また、生活には一日のリズムがあり二十四時間のサイクルで繰り返されます。そのリズムが長期に継続され、やがて、その人の生活習慣が形成されます。自然界が昼と夜、春夏秋冬などの周期を繰り返しているように、人間も「覚醒と睡眠」、出生から死にいたる全生涯を周期的な繰り返しをしています。それが、生活周期（Life cycle）です。

日常生活は家庭生活、地域生活、社会生活の基盤となっています。日常生活動作（ＡＤＬ……Activities of Daily Living）には、例えば、身のまわりの動作として食事、衣服着脱、整容、排泄、入浴の他に起居および移動動作などです。この動作能力は社会人として自立した生活を送る上で最低限必要であり、生活の仕方を大きく規定しています。さらに日常生活を広く捉える生活関連動作または手段的日常生活動作（ＩＡＤＬ、Ｉはinstrument 手段）を規定しています。これには、電話、買い物、食事の支度、家事、洗濯、外出時の交通手段、医薬品の服用、金銭出納の八項目が含まれます。しかし、生活はこれら個々の動作のつながりであり、まとまり（生活行為）です。そのベースにその人の生き方を規定している価値観があり、娯楽、趣味、人間関係に影響を及ぼし、個別性、多様性、文化性を作り上げています。

２　暮らしの中に生きがいがある

保健、医療、福祉の領域で「生活の質」（ＱＯＬ……Quality Of Life）という語がよく用いられています。ＱＯＬとは「その人の生活が健康で満足感、幸福感が得られているかどうか」という指標です。身体的に疾病や障害があっても、個人として幸福感を有していると評価する人もいます。また、個人の主観による満足度は老人を例にしてみると「人生全体をふりかえっての満足感」、「老いることについての評価」、「心理的安定」の

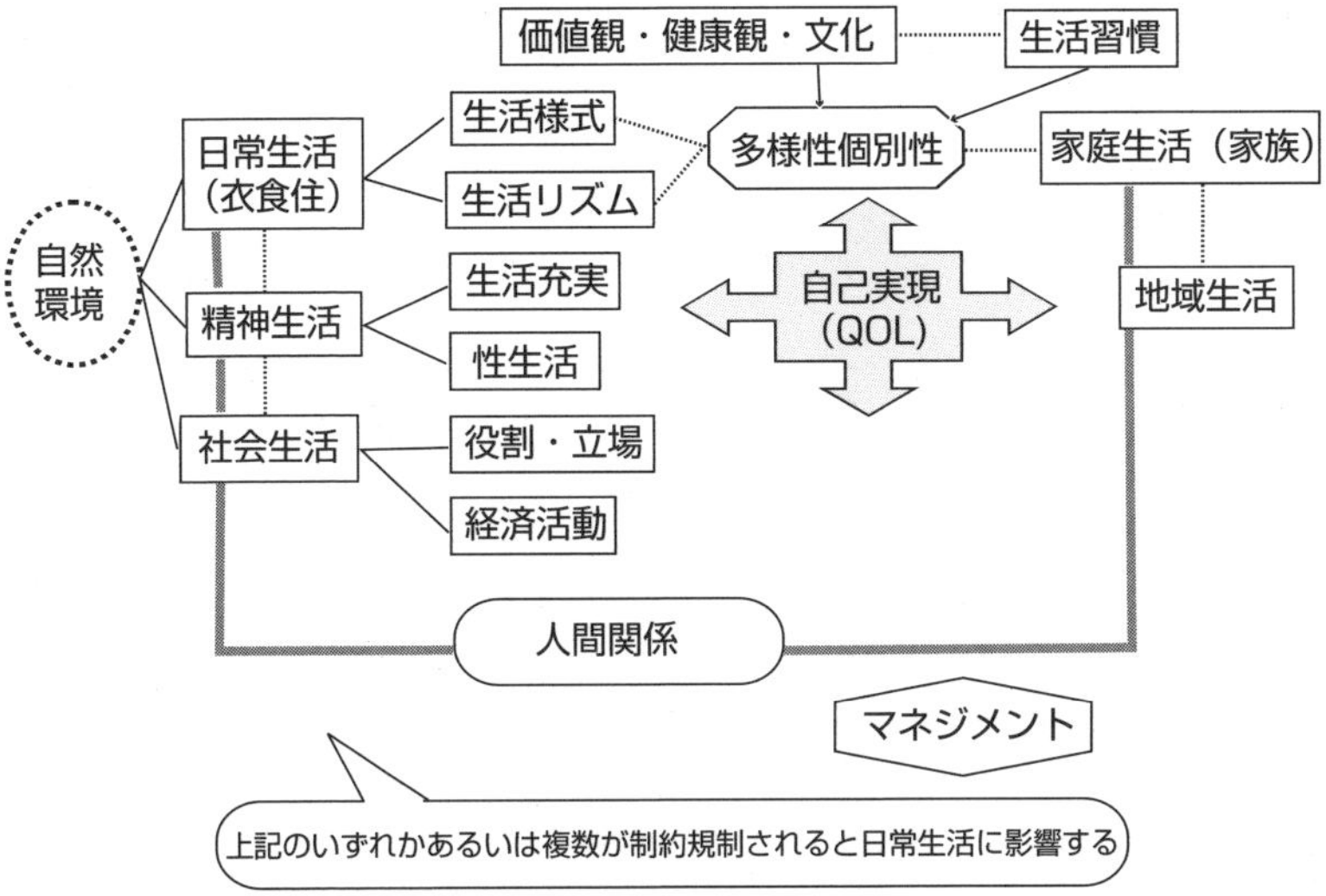

図1　生活の概念モデル

三つに分けられます。このようにみていくとQOLは健康度、生活の自立性、主観的幸福感と同義として考えられます。

人びとの生活を全体的に把握するためには、生活に影響を与える環境を分析的に捉えることが必要です。

3　環境が健康・生活に及ぼす影響

高齢者の生活環境に対する視点は健康、安全、利便、清潔、整頓の四つの機能が満たされるように配慮する必要があります。

F.ナイチンゲールは「看護は自然が人体に働きかけ易いように環境を整える」と述べ、音、光、空気などの環境の重要性を強調しています。その価値は一五〇年経過した現在も変わることはありません。ここでは自然環境と住環境とが健康に影響を与えている様子を具体的に述べます。

室内環境は室温・湿度・採光・換気など自然環境を取り込み調節することで快適性と安全性を得ることがで

きます。

快適な室温二二度プラスマイナス四度といわれ、季節により変動がありますが、快適な湿度は五〇度プラスマイナス一〇%です。

また、人間は常に動くことによって異なった環境の間を移動するため環境が変化したのと同じ体験をします。例えば、暖房のきいた部屋から寒い屋外に出る、夏の炎天下からクーラーのきいた部屋に入るなども体温調節機能の低下した高齢者では健康への影響をきたす要素を含んでいます。人間にとって熱の対処は衣服の調節です。暑いときには衣服を少なくし寒いときには多く着込むことで熱を逃げにくくしています。これは建物内部の環境を外界の変動がそのまま伝わらないように断熱材を用いて保温構造とするのと同じです。建物は断熱材について改良や変更は難しいですが衣服は気軽に調節できます。人間が生活を営んでいる「住環境」は居住空間です。

住環境は人が生活する場であり、まさに人生の本拠地です。高齢者にとっては長時間、時には一日中過ごすところであるため、快適性を目指した環境作りが必要です。

人間の健康にとって自然環境とそれを取り巻く住居など人工的環境がいかに重要であるかを住居と自然環境など（音、光、空気）の関係から述べてきました。

4 生活習慣の獲得と価値観の形成

人々は独自のライフスタイルをもってそれぞれ固有の生活をしています。生活習慣を獲得する過程で重要なのは養育者の価値観とその人の生きてきた文化的背景です。離乳期から始まる食品との出会いは子どもにとって大きな意味をもちます。どんな食品とどのようにして出会ったかは、成人してからの食物に対する考え方や、食生活の方向を決めてしまうことさえあるといわれています。

偏った食事の摂り方が食習慣として定着すると、その後の生活や健康に多大な影響を及ぼします。また、高血圧、肥満、痩せなどは食習慣が大いに関係し生活習慣病の原因となっています。病気の人の原因を調べていくと、その大多数が生活習慣に起因していることがわかります。

例えば、肉のみを好んで食べている人と肉と共にきのこ類を食べる人とではコレステロールの値が前者は後者の四倍になるといわれています。食事を例にとってみてもこのように健康への影響は多大であるが、その他の健康に関連する事柄についてみると、一定の文化圏で生活している民族は宗教、社会規範、慣習などの影響を受けて共通の価値観をもち共通の保健行動を取る傾向にあります。

その人がどのような文化の中で成長・発達し、健康生活に対してどのような考え方や価値観を持っているかを知ることが介護従事者にとって重要です。その人の健康に対する価値観や信念はその人のライフスタイルや行動を通して推測することができます。

Ⅲ　日常生活行動の制限

1　生活行動の制限とニーズ

ケース1

介護従事者は自立支援の目的で、麻痺のある人の残存機能を生かそうと「がんばれ、がんばれ」と懸命に励ましてベッドから起き上がらせようとしました。しかし、Aさんは、「いまは、その気が起きないから」と言って一日中ベッドにいます。このような場合、介護従事者がどんなに言葉掛けをしても効果がありません。Aさんは起き上がろうとする意欲が湧かないのです。その人の心理面に働きかけなければ、自立支援は「お題目」に終わってしまい、介護従事者まで自信を失う結果となります。

この事例の場合、本来、備わっている能力が脳障害に伴う麻痺のために精神的に萎縮してしまい意欲低下に繋がってしまったと考えられます。介護従事者は高齢者の身体的な援助のみでなく自立に向けた目標を設定し意欲が湧くようにはげまし、勇気づけるなどの言葉掛けをし、心理的側面からもサポートします。そのため、介護は人が人に対して援助する対人能力を必要とします。

また、介護福祉の対象である要介護者が心身の障害のため生活形成全体に支障をきたす場合、本人の望む「自己実現」に向けて、基本的欲求について理解しておくことが必要です。A・Hマズローは「人間は統合された組織化された全体である。全体としての個人は動機づけられた存在としてみなされる」、その例として、「空腹は胃が感じるのではなく人間は全体として空腹なのである」と述べています。すべての人間は基本的もしくは究極的欲求を持ち、文化の影響による、あまり差異がありません。ニーズの充足は連続的な過程であり、この過程は優先順位に基づく一種の階層として表すことができる」と動機づけに焦点を当てています。

一方、バージニア・ヘンダーソン（一九二六〜一九九六）は自己の看護経験から病院で患者は自分の欲求どおりに食べることはできないことに着目しています。人間の基本的欲求は個々の生活のパターンによって充足されるとし、身体、心理、社会的要素を考慮した基本的ニーズに関わると提言しています。患者が「基本的欲求どおりに毎日を過ごすにはその生活に焦点を合わせ働きかける援助が必要」と述べ、基本的欲求に関わる「看護の構成要素十四項目を作成しました。さらに、ヘンダーソンはその人にとって必要な知識、体力、意志力が欠けているときに、欠けている部分を手助けし自立を促すよう援助すると述べています。

生活の視点から捉えたヘンダーソンの十四項目は要介護者に援助する介護従事者にとって参考にしたいところです。例えば、食事に関して取り上げると種類、量、形態、食べ方、姿勢、飲み込み方、好み、食欲、食環境、栄養価、などを観察・評価（アセスメント）し、欠けている部分に対しその人のニーズを充足するように援助することができます。

また、介護する上でその人の心理的側面を知ることは相手の気持ちに合わせ、相手の気持ちに働きかけ、本人にやる気や根気を持ってもらうこともできます。例えば、歩行訓練に励むというように身体的自立につなげることができます。人は心とからだが相互に関連し合い働いているために当人のやる気が身体の自立につながることを忘れてはなりません。また、脳の障害や脳細胞の萎縮などにより、認知症となってしまった高齢者は一人になると寂しがり他者から叱られたり、冷たくされると反抗的になったりもします。たとえ認知症になって判断能力が失われても、健康な人と同様にニーズ（感情）を表出するために介護する上で心理的側面の理解は重要です。

2　日常生活行動の制限と生活支援

ケース2

手足の関節に痛みや腫れ（腫張）があり、思うように体を動かせない人はどうでしょうか。起床時に手や足が痛くて寝ている姿勢から立ち上がることが出来ません。

まず、手を床につけないと身体は起こせません。足を床につけることもできません。このようなときに身体を支え、励ましながら起きる手助けをします。すなわち、その人に適した方法を考え援助するのが介護者の役割なのです。

人間は長い一生の中でいつも良い状態を保っているとは限りません。ある時は、風邪を引き発熱することもあります。また、ある時は転倒事故を起こし大怪我をして入院することもあります。人間が、生きている間はいずれかの健康状態に置かれていることになります。つまり、生きることは健康問題と切り離せない関係にあります。病気が軽度のうちは気づかずに過ごしますが、本人が痛みや苦痛のために起きていられなくなり、さ

表1　介護の対象　【人間像（健康障害）と生活像との関係】

生活／健康	軽度生活障害	中等度の生活障害	重度の生活障害	介護援助
身体的障害	慢性疾患による 内部障害 （糖尿病、 慢性肝炎など）	運動機能障害 （姿勢・移動等 のＡＤＬ） 感覚器の中度 の障害 （視聴覚・ 皮膚感覚等） 脳神経の軽度障害	複合障害による状態 （寝たきり・ 廃用症候群・ ターミナル・ 急性疾患·けが等に よる危機状況） 食・排泄·姿勢の保持・ 呼吸の管理を全面的に 他者に依存	身体援助  代行行為 軽度→重度
精神的障害	認知症の初期 ストレスによる 閉じこもり、 うつ状態 生活習慣病 （アルコール 依存症など）	認知症の中期 （見当識障害・ 被害妄想） 精神障害中度に よりＩＡＤＬに 障害	思考・判断力低下 （会話・意思伝達 困難） 精神障害重度により 日常生活不能	精神的支援 支え方の質·量  コミュニケーション 軽度＝重度
社会的障害	家族関係 維持困難 経済生活不安定 住居環境の 維持困難 （清潔・清掃） マネジメント （調整・管理） 能力の欠如	人間関係維持困難 （暴力・虐待・ 引きこもり） 経済生活不能 社会資源の活用不 能	精神・身体状況 悪化のため、 ひとり暮らし困難 人間関係不適応 （孤立） 居住環境の 維持管理不能 経済生活不能	人間関係の維持・ 社会生活の拡大 心理面、身体面、 社会面の トータルケア 

らに重度になると、からだの内部では、本来の状態に戻そうとホメオスターシス（生体の内部環境を一定に保つ生体の作用）の調整が生じます。

しかし、自分の力でどうすることもできない場合は人の手助けが必要になります。例えば、病気を治すためには医療が必要になり、食事、排泄、入浴、身の回りの世話は、介護者の援助が必要になります。そのため、日常、健康に留意しながら生活を送っていますが、健康が障害されたときは日常生活の行動が制限され生活が不自由になります。言い換えれば健康障害（健康状態の低下）は人の生活に影響を与え、他者に援助を頼まなくてはならない状況に置かれることになります。特に健康状態の中でも麻痺が生じ歩行できないなど身体的な機能低下は、もう自分はだめだなどと精神状態にも影響を及ぼすようになります。このように、身体の機能障害と心の問題とはそれぞれ相関しているのです。そして、心身の障害は生活の不自由さとなって現われ、日常生活が制限されることになります。

特に疾患（病気）が慢性化している高齢者、あるいは障害を持つ人、機能の低下している人びとは日常的に生活に制限を伴います。

人間を健康面から身体・心理・社会的側面が障害された場合の生活への影響を生活障害の軽度・中度・重度に分けた場合との関係をみると表1のように利用者の健康状態が生活障害となって現れます。その生活障害の状況に対して介護の関わり方が異なってきます。身体的側面のうち内部障害や慢性疾患のように病気を持っていても、運動、感覚器などの身体的機能障害が軽度である場合、日常生活は食事・運動制限などがあるものの生活行動への影響は少ないわけです。ところが、病気の重症度とは異なり、運動機能や感覚機能などに障害が及ぶと生活が不自由になります。それに伴って介護の関わり方も見守り介護から部分介護と変化します。そし

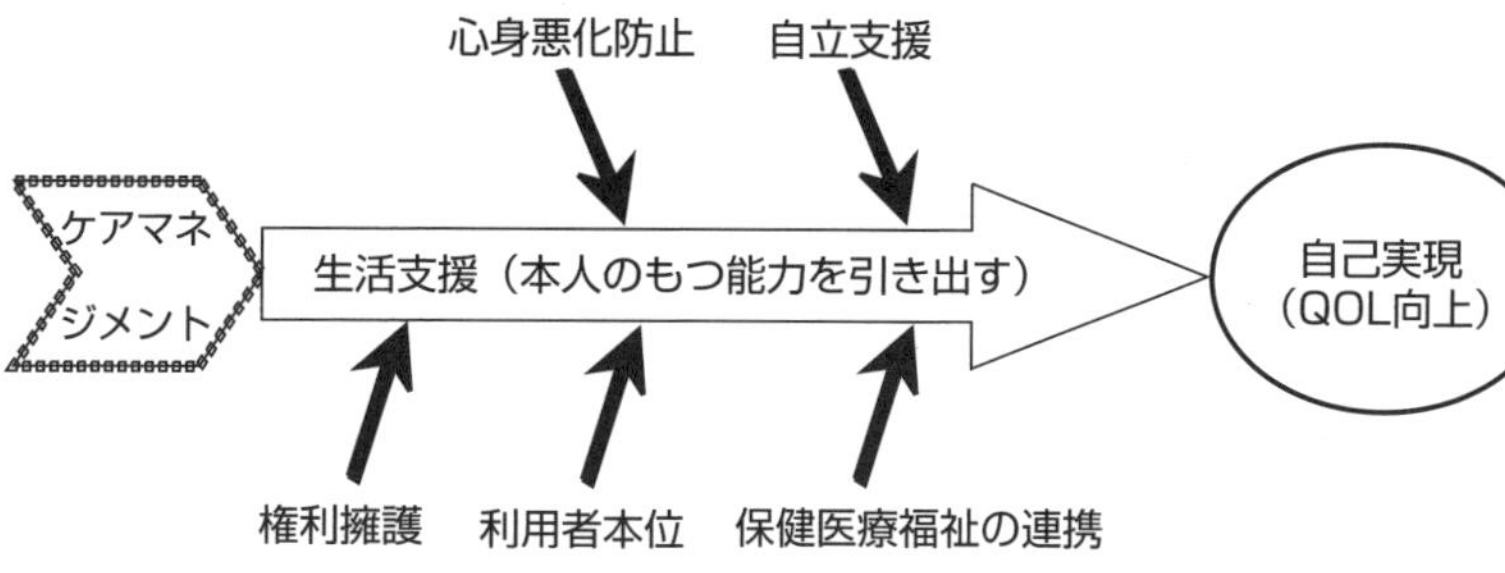

図2　ケアマネジメントの理念

て身体機能障害が全身におよび重度化すると生活障害が重度になり介護の関わりが増大します。精神面の障害が生活へ影響を及ぼすとは、例えば、意欲が低下し働く気力の失せた人、意思決定の弱くなった人、決められたことが守れないなどの場合、ＡＤＬは自立していますが、精神的ケアが必要になってきます。記憶障害やうつ状態などの症状の出現で判断能力が低下すると生活障害はさらに増大します。このように日常生活が自立している人も生活障害が重度の人も、どの時期においても精神的な関わりにはケアに差がないのが特徴です。介護は人との関係の中でケアが成り立つ行為であり、介護従事者は生活障害の軽重に関わらずコミュニケーション手段を通して常に一貫した精神的な関わりをする必要があります。

　社会的側面と生活障害のレベルとの関係では、心身の障害の他、居住環境、経済面、人間関係等の要因が複雑に絡まってきます。そのため、個々のケースに合わせ身体・精神・社会の三側面を統合したトータルケアが必要となります。

　一方、日常生活の制限に影響を与えているものに一日の過ごし方があり、人として共通する部分と個人差の強い部分とがあります。年齢によって異なりますが、一日の過ごし方のなかで起床時刻、整容（身繕い）、三度の食事時間、排泄回数、日中の活動時間、就床時刻、睡眠時間が多くの人に共通している部分です。個人差が強く現れるのは日中の活動内容、食事・排泄・清潔・整容・衣服の整え方などです。介護福祉の基本は、健康障害などにより、生活が制限されている部分を個別性に配慮しつつ補完し自立できるように援助することです。ある時は代行者として身体を支え、時には、間接的に見守るなどの行為をとおして自立に向けて援助することです。

そのため介護従事者は、疾病及び身体的な障害によって、生活に支障をきたしていることは何かを見極める能力をもつことが要求されます。

3　ケアマネジメントの必要性

ケアマネジメントは利用者（要援護者）の生活の質を高めるために社会資源を結びつけることが目的であり、主体者は利用者です。利用者は心身の障害により自己の生活を維持することに支障をきたした状態に置かれており、本来、心身を障害している人は年齢を問わず対象になります。介護保険制度では要支援者から要介護者になりますが、自立と判定された人や未認定者も含まれることを念頭に入れておかなければなりません。

疾病や障害をもった人は医療・福祉施設と異なり、居宅ではさまざまなサービスや支援がなければ生活することが困難です。そのため、利用者の立場から必要な社会資源を利用者のまわりに集める必要性が生じます。介護支援サービスをケアマネジメントとし「要援護者やその家族がもつ複数のニーズと社会資源を結びつけること」は要援護者の生活の質を高めることです。

ところで、従来からキュア（治療）に対しケアは介護・看護と解釈されてきました。この場合のケアは生活全般（生活の概念モデル参照）を指す広義のケアを意味します。そのためにコミュニティケアの推進を図り、利用者の自立を目標にＱＯＬの向上を目指して支援する必要があります。

そのことは利用者の権利を擁護し利用者本位の理念で利用者のＱＯＬの向上や自己実現に向かって心身の悪化防止を前提に自立支援を目指すことでもあるわけです。そのためには保健医療福祉の連携による対応が必要です。

（1）権利擁護

援助を必要とする人の中には知的障害、精神障害、認知症（痴呆症）を有しているため自己決定、自己選択が思うようにできない人もいます。しかし、利用者の傍に寄り添い、よく観察していると相手の要望や生活の仕方がみえてきます。このような場合、人権を擁護する立場に立って生活の維持を図るために利用者が選択するであろう支援策を計画します。たとえ、どのような人に対しても、相手の人権を侵害してはなりません。従って、関わるすべての人がこのような判断・決定に参加し、一人ひとりがそのことを自覚して対応していく姿勢を持つことが重要です。

（2）利用者本位

従来の社会福祉サービスは「措置」に基づいて行われてきました。そのため、サービスを受ける利用者は自分で利用したいサービスを利用することが困難でした。生活の主体者は利用者ですから、自分のニーズに応じて選択し決定することは当たり前のことです。専門家であるケアマネジャーが決めた生活を過ごすのではなく自分の求めている生活を維持していくのです。利用者が最良の決定ができるように援助しなければなりません。したがって豊富なサービスの種類も内容が求められます。

(3) 保健医療福祉(多職種)の連携

利用者の生活は健康医療、福祉面のみならず本人の精神面、人間関係、経済面など多岐にわたっています。ケアマネジメントは利用者の視点に立ち、利用者の立場から利用者の生活に即したサービスを総合的に計画し多くの職種が連携して生活を支え、その人の生活を充実させるためのシステムです。具体的には歩行困難な高血圧症をもつ要介護状態の利用者が、医療サービスを受けながら一人暮らしをしている場合、その人を支える生活支援には多くの人の援助が想定されます。この場合、利用者の生活に関する情報を分析、解釈し、ケアプランを基に支援に関わるすべての人が共通の目標に向かってそれぞれの職種が連携し協働していきます。

ケアマネジャーは生活に関わる利用者のニーズを解決するために構成されている必要なサービス(住宅・保健・医療・福祉)を選択し、効率的に提供されるよう調整する役割を担います。したがって、保健医療福祉に関するフォーマル(訪問介護、訪問看護、通所リハビリ、かかりつけ医、福祉用具など)サービスのみでなく、インフォーマル(家族・親族、友人、ボランティア、福祉タクシーなど)支援を活用し調整する知識と調整能力が期待されます。それらの社会資源を利用したサービス計画を立て、サービス担当者会議を経て居宅の場合はおのおの関係機関、事業所援助者に実践を依頼します。

なお、連携に四つの能力①フレームワーク(共通目標を作る枠組み)、②チームワーク(効率的効果的であること)、③ネットワーク(情報網をもっていること)、④フットワーク(同じ土俵で直接向かい合えること)

が必要です。そして、利用者を継続的に見守り目標に到達しているか否か評価する能力も問われます。

（４）心身の悪化防止

特に高齢者は慢性に経過する複数の病気をもっている場合が多く、援助を必要とする利用者は心身に障害を持ち生活する上で規制や不自由を余儀なくされています。居宅支援の場合、ややもすると生活維持の観点から保健・医療の側面を除外することがあります。このような利用者の心身の状況を悪化させないように保健医療のサービスネットワークを活用し健康面に視点を置き、生活支援を図らなければなりません。

（５）自立支援

ケアマネジメントの特徴は多職種によるチームケアです。

利用者が自分自身の自己実現を目指して充実した生活を維持できるよう自立に向けて支援します。同じ人でもある時は手助けが必要であり、ある時は見守り、また、ある時は励ますなど、その時どきの状態を見きわめ、高度の判断を必要とする利用者に遭遇することもあるでしょう。しかし、多くの関わる人が利用者をよく観察し、少しの変化を見逃さない態度で臨むことで、おのずから利用者に対する自立支援の姿勢を持ち、目標を定めることができます。

【参考文献】

日本医学教育学会教育技法委員会編、日下隼人『臨床教育マニアル』篠原出版、一九九四年、一五八〜一六八頁。

柴田博編『老人保健活動の展開』健康度の測定医学書院、一九九二年、六九頁。

バージニアA・ヘンダーソン著、湯槙ます他『看護の基本となるもの』日本看護協会出版会、一九九五年。

AH・マズロー著、小口忠彦監訳『人間性の心理学』産能大学出版部、一九七一年。

柴田博編『老人保健活動の展開』医学書院、一九九二年。

小池妙子『在宅介護事例のQ&A』介護福祉、秋季号　No.43、二〇〇一年。

小池妙子『ケアプラン実施上の課題』社会福祉、冬季号　No.44、二〇〇一年。

認知症（痴呆症）ケアの理論と実際

―介護の視点から捉える　記憶障害・認知障害を伴ったおとしよりの生活―

小池　妙子

はじめに

認知症高齢者は厚労省の試算によると二〇一五年には二百五十万人、二〇二五年には三二三万人と予測されている。これは六十五歳以上の高齢者の八～一〇%に匹敵する数である。認知症によって精神生活までをも脅かされた人が生活困難に直面し、高齢者やその家族が戸惑い不安の中で専門職の援助を求めている。また、介護保険の導入により国民の健康や介護サービスに対する関心も高まり、保健・医療・福祉の連携が求められてきた。

痴呆（認知症）の歴史

痴呆症の語源を辿ってみると漢和辞典増補版（博友社一九五三年）には痴は癡《チ》の略字でともに「おろかの意」で痴呆という言葉はない。広辞苑第二版（一九六九年）には「いったん、個人が獲得した精神的能力が完全に失われて元に戻らない状態――老人性痴呆・麻痺性痴呆の類」とある。古語辞典新訂版（旺文社一九七五年）には痴呆の用語はなく、阿呆・戯け（愚か者、ばか者）などがある。日本語大辞典第二版（一九九五年講談社）には「これまでに獲得した知的・精神的能力が、脳の器質的障害などによって低下し元に戻らない状態

―老人性痴呆」とある。最新の広辞苑第五版（二〇〇〇年）には「いったん、個人が獲得した精神的能力が完全に失われて元に戻らない状態。ふつう感情面・意欲面の低下をも伴う。脳の腫瘍・炎症、中毒血液循環障害などに由来。加齢によることもある。「老人性痴呆・麻痺性痴呆の類」とある。このようにいまだ、新しい概念でありその定義も変化し続けていることがわかる。痴呆症の言葉が世に出てからは三〇〇年になるそうだが、一九〇七年アルツハイマー博士の論文が発表された。わが国ではアルツハイマー病としての報告は一九五二年である。それから、五〇年しか経っていない。

わが国が痴呆に関して取り組み始めたのが一九八〇年代になってからであり一九八六年厚生省が「痴呆老人対策本部」を設置し、翌八七年報告書が出された。この報告書を踏まえデイケアや病棟の創設、施設の加算制度が設けられるが十分な取り組みとはならなかった。

さらに「痴呆のうちアルツハイマーについては原因・発生が不明であり何よりもその究明が急がれる」としている一九九〇年代にゴールドプランにより介護サービスの量的な拡充が進んだが「寝たきり老人モデル」の身体ケアに中心がおかれ、認知症性高齢者のケアの確立が遅れていた。介護保険導入で要介護状態に認定が実施されたことにより、痴呆性高齢者の実態がはじめて明確になった。それによると要介護状態に認定者の約半数が認知症性高齢者であり、施設入所者の八割が何らかの介護・支援を必要とする認知症があるとのことで、認知症高齢者が顕在化するようになり国民的課題となった。

一九八〇年代から、認知症に関する学会、研究会、家族の会も結成され、二〇〇四年十月には国際アルツハイマー会議をわが国で開催された。

名前の変更

これまでの経過からも読み取れるように「痴呆」という用語には侮蔑的な意味合いが含まれているところから、厚生労働省でもこれに変わる用語の検討を開始した。国民や関係者からの意見を聞き、結論を得たいとして、二〇〇四年、検討会を立ち上げ、検討した。その結果絞り込めている用語は①認知症②認知障害③もの忘れ症④記憶症⑤記憶障害⑥アルツハイマー症の案が出された。同年十二月、報告書がとりまとめられ、検討会より厚労省に提出された。それを受けて平成十七年一月より認知症を用いるようになった。なお、世界大百科事典（日立システムアンドサービスＫＫ）によれば「痴呆」を指す英語　dementia　は、ラテン語の demens に由来し、〈mens（精神・思考）が除かれる〉という意味であり、「痴呆」そのものの用語はないそうだ。

Ⅰ　認知症という病気を理解しよう
―痴呆は普通の人が記憶を失った状態―

1　認知症の定義

ＷＨＯの定義は「慢性あるいは進行する脳の病気によって生じる記憶の障害、思考能力の低下、時・場所・人が分からない（見当識障害）、理解が悪い、計算ができない、学習能力の低下、言語の障害、判断力の低下など多面にわたる高次の大脳機能が障害される症候群」である。

アメリカ精神医学会診断基準（ＤＳＭ―Ⅳ）によると「複数の認知機能の障害がありそのために対人関係などの社会生活・職業に支障をきたしている。後天的な脳の障害によって正常に発達した知能が持続的【以前（半年～一年）のレベルより】に機能が低下した状態である。先天性あるいは発育期に知能障害が生じる精神発達遅滞と区別され、意識障害を伴わないなどの特徴がみられる」と定義されている。また、記憶力（短期記憶、記銘力の障害）の低下は認知症の初期から見られる。また、生理的な物忘れにはない、認知障害（失語・失行・失認・実行機能障害）の低下を伴うことをいう。

認知症の症状には診断の核になる（その症状が揃わなければ認知症といわない）中核症状と身体の具合や環

表１　認知症の代表的な症状と周辺症状

	症状	現れ方の具体例
中核症状	短期記憶	新しい出来事を覚えることができない（5分後に聞いても答えられない） 記銘障害：経験したことが記憶できない
	長期記憶	自分に関する過去の事柄・一般常識を思い出せない （痴呆の後期に現れる）
	抽象思考の障害 見当識障害 性格変化	理解し、判断することが困難、情報処理することができない 季節・時間・空間·場所などがわからなくなる 感情の処理が適切に行なえず喜怒哀楽をストレートに 表現するようになる
	失語	運動性失語：声は出るが物の名前が言えない（口数が 少なく、発語に努力を要する。 リズム感がなく単語の羅列、「めがね」「でんわ」などが出ず、「あれ」「そこ」「あそこ」という 感覚性失語：音が聞こえるが意味が理解できない。言語 明瞭·意味不明といわれ、「めがね」を「時計」などと言い間違え（錯語）る間違え字を書くために読めない ピック病：（前頭葉型痴呆）：同じことを何度も繰り返す今日は何日？「９月１日」、奥さんは？「９月１日」や行動の保続「机をどんどん叩く」やオウム返し「今日は 何日？」「今日は何日？」がみられる
	失行	運動障害はなく手や足は動くのにまとまった動作や行為ができない。箸などの道具が使えない、図形がうまく書けない、挨拶ができないなど、日常生活に支障をきたし、家族が不思議がる。その他、起立、歩行、眼や口の開閉ができない（肢節運動失行）指できつねの形やじゃんけんができない（観念運動失行）、紙に形が書けない（構成失行）などがある
	失認	知覚機能障害がないのに見たり、聞いたり、触ったりしてもそれが何か認識したり、判別ができない、日常使用しているものを見ても何かわからない（視覚失認）、 色の識別ができない（色彩失認）、人の判別ができない（相貌失認）、空間の状態を 失認する（視空間失認）.徘徊はその代表例
	実行機能障害	計画を立ててそれを実行することができない。りんごとミカンの類似点、ことわざの 意味などの抽象思考ができない
周辺症状 具合や環境に影響される	せん妄	夜中に急に騒ぎ出したりする
	幻視	実際にないものが見える（死んだはずの夫がみえる）
	妄想	財布や着物を盗まれたという（物取られ妄想）。自分が悪口を言われている（被害妄想）
	多動	絶え間なく、無目的に歩き回る
	徘徊	眼を放すと外に出て行こうとする 理由がないのに入浴や着替えをいやがる
	感情の高ぶり	一人にされると落ち着かなくなる
	暴言	いらいらして落ち着かない
	暴力	些細なことで声を荒げたり手を挙げたりする。 必要以上にからだの具合を気にする
	不眠、自発性の低下	夜間目覚め、昼間うとうとしている
	抑うつ	ふさぎこんでいる
	判断の低下	食べ物以外のものを口に入れる目の前にあるものを何でも食べてしまう
	多幸性	楽しそうにニコニコしている

境に影響され、個人によって現われる症状が異なる周辺症状とがある。周辺症状はケアする側からみた症状である。本人の立場になって考えると脳の変化もあるが、なんらかの原因があると考えた方がよい。

(1) 中核症状

①記憶障害
②見当識障害
③判断力の低下
④抽象思考の障害
⑤性格変化（感情表現）
⑥高次脳機能障害（実行機能障害、失語、失行、失認）→（日常生活の能力）

(2) 周辺症状

①不穏、興奮、大声、独語、暴力、幻覚
②妄想、徘徊、無気力、無関心、うつ状態、動作緩慢
③意識障害（せん妄、妄想、幻覚、誤認の錯乱状態）

表1に中核症状と周辺症状の具体的な例を示した。認知症になるとこれらの症状がすべて現れるのではなく、侵された脳の部位と障害の程度により個々に症状が異なる。

2　認知症の代表的な症状と周辺症状の例

(1) 神経心理学的視点（高次脳機能障害）

高次脳機能障害は神経心理学の分野で取り扱う。医学的に統一した定義はなく、専門家によっても「高次脳機能障害」という言葉の指す範囲が異なる。

高山（一九九九）によれば、失語、失行、失認が主な症状である。大脳皮質と認知行動とにはある一貫性が存在する。認知症と言語障害の関係では非失語性言語障害では内容が空疎になる・語彙が減ってくる・話のつじつまが合わなくなるといった点である。失語性言語障害では終わりの言葉を繰り返す・意味を理解せず聞いた言葉をそのまま繰り返すなどである。失行には表1に示したように状態の差異により名づけられている。失認は、あるときはわかるし、あるときはわからないという機能的な特徴を持ち深刻な病識がない。表1に示したような症状を示す。また、学問の領域でこの用語を使うときと、福祉の仕組みの中でこの用語を使うときでは定義が異なっている。近年、脳の損傷による後遺症として生じる記憶障害、注意障害、実行機能障害、社会的行動障害などの認知障害が注目されていて、現在実施されている高次脳機能障害支援モデル事業でも特にこの点に焦点が当てられている。具体的な例としては、頭部打撲や脳卒中などによって、重い意識障害に陥るような状態となり、治療の後、意識が戻り、歩行や食事ができるようになり、外見上は回復したように思えるのに、「会話がうまくかみ合わない」、「段取りをつけて物事を行うことができない」などの症状が現れ、周囲の人に「人が変わった」、「怠け者になった」といった印象を与えるような状態のことである。これらの症状が日常生活や社会復帰に大きな支障となっているにも関わらず、一見しただけではわかりにくいため、本人や家族、さらには医療関係者等の間でも、この症状が脳の損傷の後遺症によるものであるということ、そして、この症状にどう対応すればよいか、といったことなどが、なかなか理解されにくいというのが現状といえる（国立リハビリテーションセンター〝http://www.rehab.go.jp/ri/brain/qanda.html〟二〇〇四）

（2）基本的な人間観

認知症は今まで普通に社会生活をしていた人が記憶を失った状態、今までどおりの判断や行動ができなくなった状態としてとらえ、本人のもっている興味や関心を引き出す。

認知症といわれる人は、外から見ている限り「言っていることがわからない」「判断ができない」「訳が判らない」と人格を失った人のように見えるかもしれない。しかし、実際には自ら意思を持っている人間であり、傍でよく観察し言葉に耳を傾けてみると「私は何がなんだかわからないのよ」、「ここがどこだかわからないのよ……」と悲しそうな、困惑した表情を浮かべることが多い。「ここはどこですか」の問いかけに「〇〇でしょ？」と聞く。「ここは、〇〇ホームであなたの住まいですよ」というと「そお～」と納得した表情を見せる。また、「お昼はまだですか」の問にA介護士は「今食べたでしょ」と言い、B介護士は「もう直ぐですよ」と言い、本人は「私を馬鹿にしている」怒っている場面に遭遇した。また、人格を傷つけられるような暴言、無視などの態度には敏感に反応する。

特に、大脳皮質に機能障害があり抽象思考が困難で判断力と短期記憶が低下している人の場合、自らの記憶が思い出せる時代の体験と現在の状況を結びつけることが可能である。このように考えると、認知症の人は①自分自身をある程度理解している。②過去の記憶と現在の状況を自分なりに解釈し、自分の世界を形成している。③自己の持っている世界から相手を解釈し批判、感情表現ができる。と本人の持っている能力に目を向けると秘めたる力や可能性を発見することができる。

Ⅱ　認知症の人は長い経過を辿り、時期によって現れる症状や状態に違いがある

1　アルツハイマー病の経過と状態像

○Ⅰ期（前期～初期、一～三年程度）健忘期ともいう。発病後半年から二年後に認知症になる。

物忘れ、失見当、敏感で傷つきやすい。本人は物忘れが激しくなったのを（以前は自覚しないといわれたが）自覚しているようである。自転車、電話などの名詞や豆腐を買いに行くなどの用件の健忘、友達と展覧会に行くなど関心や気力の減退、複雑な仕組みを考えることが面倒という思考内容の単純化などがあり、知的機能障害（記銘障害、想起障害、日時・場所・状況等の失見当や誤見当、生活史健忘や当惑性作話）は軽度でも精神症状や行動障害として現れることがある。

○Ⅱ期（中期、三～七年程度）混乱期ともいう。

比較的体力はあるが痴呆が進み、行き先がわからず、やたらと動き回る（多動）、同じところを行ったり来たり、うろうろする（徘徊）、尿失禁がみられ意識障害や見当識障害が進むにつれて他の知的機能の障害も明

表2　アルツハイマー病の程度とその時期の関係

年齢相応	・物の置き忘れ ・物の名前が出にくい	
境界状態	・慣れている仕事で能率が下がる ・段取りの手際が弱い	
軽度	・金銭管理が不確か ・段取りや計画が立てられない ・年月日の感覚が不確か	・物を盗まれたという妄想 ・攻撃的な言動
中等度	・天候に合わせて服を選ぶことができない ・理由もなく入浴や着替えを嫌がる	・買い物を一人でできない ・徘徊
やや高度	・順番に服を着ることができない 着衣に介助 ・入浴後も体を拭けない、洗髪ができない ・近所でも迷子になる、失禁 ・同居していない家族がわからなくなる ・表面的な会話であってもつじつまが合わない	
高度	・着衣・入浴・身辺整理には全面介助が必要 ・同居家族ってもわからなくなる ・家の中のトイレの場所がわからなくなる ・意味のある会話はできない ・自発的な発語は消失し、寝たきり状態	
経過	時間的な経過 → 1〜3年　3〜7年　7〜12年	

東京都高齢者施設推進室「痴呆が疑われたときに－かかりつけ医の手引き」1999を一部改変

らかになり、言葉や行為の困難も加わり、話しかけても「うん」としか言わないなど、無気力や落ち着きのなさなど感情や意欲の変化も目立ってくる。この時期にはアルツハイマー病の特徴的症状である記憶の再生障害（今、ご飯を食べたことを覚えていない）誤見当（場所や時間を間違える）、状況判断の障害（シャツをズボンと勘違いして穿く、逆行性生活史健忘（最近の出来事から忘れ幼児期の出来事は記憶にある）、若返り（現在二〇歳位と認識し行動する）、人物誤認（夫や娘を間違える）、積極的―適合的―創作作話（現実にない事柄をあたかも目の前で起きているように話す）、虚構的生活観（時間や空間を超越した世界を持っていて感性が中心の生活の仕方）が加わる。非現実的な行動と自立生活の困難さのために不安、妄想（お金や指輪がなくなった）などの精神症状や、大声や大きな物音を出す、人との交流や関係が保てないといった行動障害が目立ってくる。この時期に家族は病院に連れて行き「認知症」と診断され大変な衝撃を受けることが多い。

○Ⅲ期（後期、七～一〇年程度）末期ともいう。

この時期には全知的機能が高度に障害され人格の単純化や鈍化、活動性の低下、言語の貧困化（ほとんど喋らないこともある）をきたし、独語（ひとりでぶつぶつ言っている）も頻繁に聞かれるようになる。声も低く聞き取りにくいため、言っている意味が理解できないなど精神活動が極めて乏しくなる。また、神経症状としての排泄障害、運動障害（歩行困難、姿勢異常、四肢の拘縮）なども加わって食事・排泄・入浴などの日常生活動作（ＡＤＬ…… Activities of Daily Living）が低下する。末期には寝たきり状態となるが、姿勢を保つことができれば車椅子などで起きていることも可能である。基本的な理学療法や合併症に対する医学管理が必要となってくる。

Ⅲ　認知症の人の特異な行動の裏にあるもの（根拠や原因）

1　認知症高齢者の現象面と欲求

認知症ケアでは自尊心を傷つけない、ストレスを与えない、心に寄り添って対応するなどの表現はよく見かけるが、実際に介護を行なうにあたり抽象的な表現では戸惑うばかりである。また、専門的な立場から知能を個々の要素に分解し障害を詳しく分析しても目の前にいる認知症の高齢者を理解するのは困難である。個々の機能が生活の中でどのように現れるのか、また、異なったいくつもの組み合わせをもっている認知症高齢者について全体像をどのようにとらえるかが介護上重要である。認知症という病気をもった人の全体像を理解することが求められる。

図一は筆者が認知症高齢者を介護した経験から認知症高齢者にはさまざまな特異な行動が日常生活上に現れることに着目し、認知症のメカニズムと生活障害とを関連づけた。

例えば、身づくろいができない、トイレの場所がわからずうろうろしている、入浴を嫌がり抵抗する、などの日常、目に付く行動は認知症により認知障害、記憶障害、実行機能障害が起こり、本人の内面に起きている欲求（考えられる原因）を表現できないため結果として周囲の人に理解できない奇異な行動として現れる。

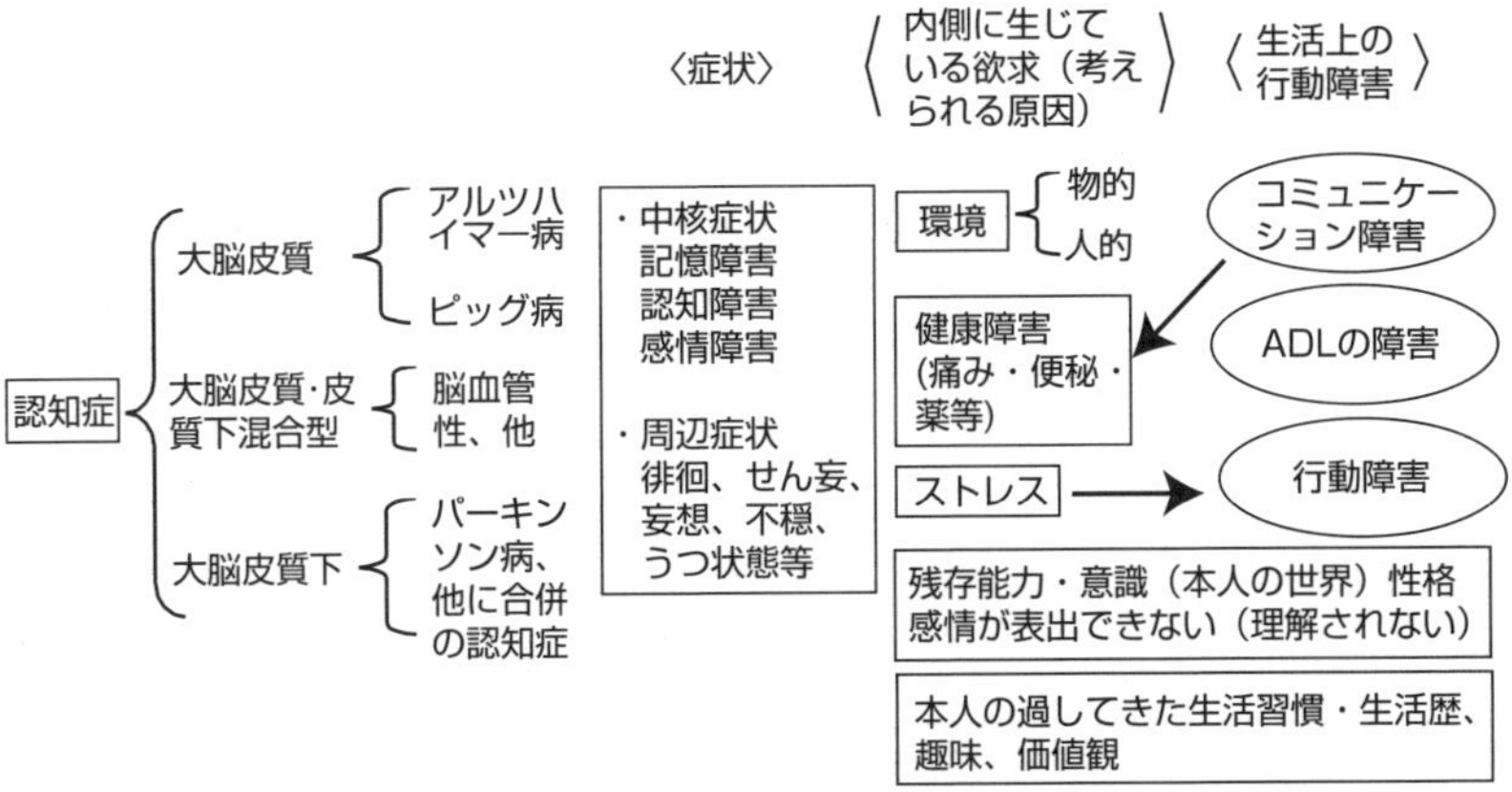

図1　認知症のメカニズムと生活障害との関連

言葉で表現できないため介護者は本人をよく観察して原因を探す。点滴を受けている認知症高齢者が周りの人が食事をしているのを見て飲み込む動作をしていた。食事が食べたいのかもしれないと、その人の欲求に思いを巡らせることが、原因を追求できることにつながるはずである。欲求とはA・Fマズロウの欲求階層説（人間の欲求は図2に示したように、下から五つの階層に分けることができ、低い段階の欲求がある程度満たされると次の段階の欲求へと移っていくという理論）にしたがって考えると理解しやすい。

認知症高齢者の欲求の理解

①生理的（食事・排泄・清潔・睡眠・活動・性）・感覚（五感）・快適な環境（居心地よいと感じられる場所にいたい欲求）

②安全欲求（拘束されたり動けなくされることなく安全で安心していられる欲求）

③愛され、一緒にいる欲求（人間関係欲求）

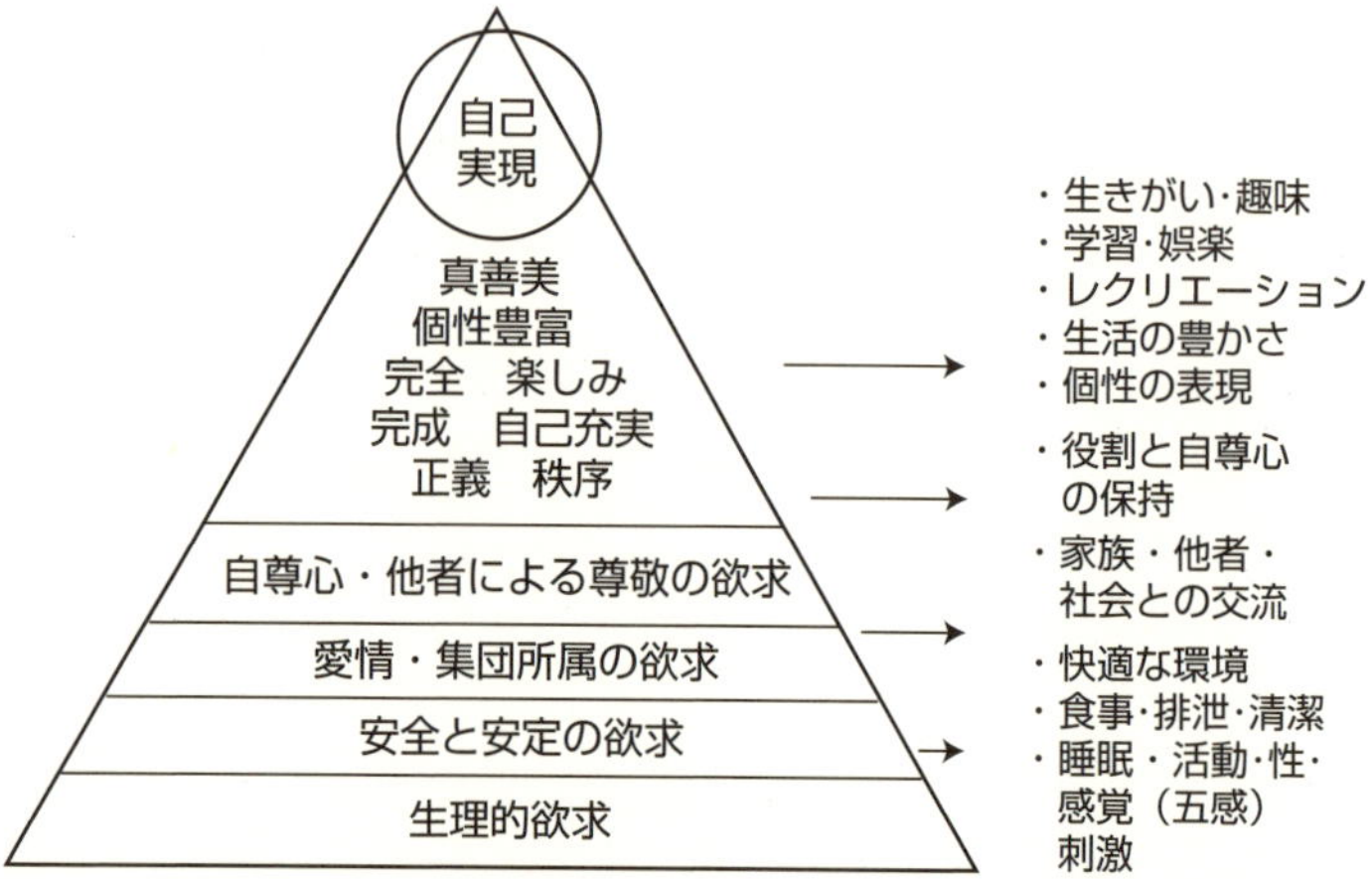

図2　A･Fマズローの欲求階層と認知症高齢者の欲求の理解

④　承認欲求（役割・地位が聞き入れられ、自尊心が満たされ認められたい欲求）

⑤　過去の世界に浸り生きがいを見出す欲求

2　介護の視点からの認知症の人の理解

（1）認知症になる前の（健康な時期）生きてきた人生の理解（人間観と生活歴）

後天性に起こる脳の障害であるので認知症になる前の本人の性格、出身地、家族関係、人間関係、学歴、職業、時代背景を知ることにより、その人の人間観、生活歴が推察できる。認知症の人は記憶障害（逆行性記憶喪失……蓄積されたこれまでの記憶が現在から過去にさかのぼって失われていく現象）により過去の自分の世界に戻っているため、今、起きている行動を通して過去のことがらを推量し何をしているのかを判断する手がかりとする。

（2）環境による影響（ショックやストレス）

配偶者や子どもなど親しい人の死または離婚など、人との別れや骨折や手術などの身体的障害、天災や人災などの過酷な体験が眠れない、仕事が手につかない、危険な状況を急に思い出す（フラッシュバック）、感情の鈍り、無関心、孤独感へと進み、認知症の誘因になっている。フェイ・ナオミ（二〇〇〇年）によれば人間は過去にやり残したことをいつか実行しなければと思って生きている。それが、認知症になったとき、「指輪がなくなった」などの言動になって表れる。したがって、「その指輪は誰からの贈り物？　どんな形をしていたの？」と聞くことによって、指輪を買ってもらった幸せな過去に戻り、そこに浸ることで不安を解消するのだそうである。したがって「一緒に探しましょう」などとした従来の方法よりも本人の過去に一緒に誘う方が効果的である。

（３）認知症の人の生活のしかたとの関係

食事、排泄、清潔、睡眠、身辺整理、買い物、金銭管理、交通手段の利用などの日常行動から認知症の状態を判断する。

認知症になると本人が最も困るのは毎日、行っている排泄、食事、着替えなど日常のこまごましたことができなくなることである。

例えば食事を食べたのに忘れてしまい、直ぐに「食事はまだ」という。トイレの場所が分からなくなり、うろうろと行ったり来たりする（徘徊）。便秘により具合が悪くても訴えられないで不機嫌になる。買い物に出かけても家に戻れなくなる。また、買い物に行きお金の計算ができないなどで認知症かもしれないと判断する。

特に排泄は人の世話になりたくない行為である。尿意はあってもトイレの場所がわからない、下着をどのよ

表3　生活や行動にから考えられる原因と（介護上のアセスメント）

生活上の障害（目に見えることがら）	考えられる原因（評価基準）	痴呆のメカニズム
ADLの障害 失禁する→	・環境：トイレの場所がわからない ：本人のなじみのトイレではない ・言葉：尿意があるが伝えられない ・動作：下着をおろす動作（順序）がわからない ・健康障害：脳の排泄の命令系統に障害がある	記憶障害認知障害による 認知障害により見分けがつかない 実行機能障害 運動機能障害により拘縮がある
食事を食べられない→	・食環境：食物の種類がわからない→ ：食物が見えない　→ ・健康障害：嚥下障害がある ：口腔内の障害（歯、舌の障害、 唾液の量）、胃腸障害、脱水、便秘 ：手が挙動かないため口に運べない ：食事時に姿勢が保てない→ ・過去への誘い：毒がある、子どもに食べさせたいなどで食事をしない→ ・食事の好みに合わない→	認知障害で見分けがつかない 失認より半分しか見えない 老化、健康障害のため食欲不振 記憶障害により過去の本人の世界に戻っている 生活習慣、嗜好による
入浴等清潔行為	・環境：場の雰囲気に違和感がある ：転倒を恐れている ：職員の対応についていけない ・言葉：風呂が嫌い、人前で裸になりたくない等の気持ちが表現できない ・健康障害：発熱、寒気、気分不良、かゆみ、痛みなど	認知障害により理解できない 老化、健康障害のため
コミュニケーション障害 一方的に喋り会話にならない、自分から話さない→ 家に帰りたいという→	・表現力の障害：思っていることが言葉にならない ・話していることが相手に伝わらない ・健康障害：視聴覚が衰えている ・歯の欠損により言葉が抜ける ・脳神経、構音障害により言葉が出ない ・なじみの世界にいざなう ・生活歴、生活習慣への理解不足	認知・記憶障害認知障害により表現できない 老化、健康障害のため表現が伝わらない 理解力の欠如・失語症がある 見当識障害、記憶障害、環境不適応 本人の虚構世界と介護者の認識との不一致
行動障害	・環境（人的・物的） ・健康障害（身体状況の悪化） ・本人世界と介護者の認識との不一致 ・生活歴への理解不足	見当識障害、記憶障害、環境不適応 本人の虚構世界と介護者の認識との不一致

うに下ろすのかわからない、といった具合である。Oさんは時々、不安そうな表情でうろうろする、「紙にトイレと大きく書き繰り返し「トイレはこちらですよ」と同じトイレに誘導したところトイレまで誘導はできたが、今度は下着を下ろせないなど排泄が済むまで、どの行為ができないのかをよく見極める必要がある。

（4）認知症の人の人間関係

日常的な会話（顕著な聴力障害。失語がない場合）がうまくできない。認知症の人はなぜか一人になることを非常に恐れる。本人が認知症になったクリスティさんは「一人でいると山の中で遭難したような不安に駆られる、いつも誰か傍にいてほしい」と述べている。老人保健施設の認知症棟で出会った光景である。昼間は畳のあるデイルームにいるAさんとBさんはいつも二人で並んで座っている。Aさんは独り言をぶつぶつ言っているがBさんは「花がきれいだね～など」人はお互いに会話をしているわけではない。二人は共有する空間で一緒にいることで安心しているのである。また、介護者や家族の中でも相性がある。誰と一緒のときはにこやかにしているか、どのようなときに不機嫌になるのかという人との関係や交流の状況をみる。認知症の人は自分の世界にともに佇んでくれる仲間を求めているのである。

（5）行動障害と認知症の関係

記憶障害、見当識障害（今の状況……時間・空間・季節・人）が理解できないことによる徘徊は行動障害・特異行動（問題行動とは介護者側から見た表現）といわれている。しかし、その行動は老化による生理的なものから慢性疾患などの健康障害、脳の障害による認知症までその原因はさまざまである。介護者は行動障害を起こさないように（最小限に食い止めるように）原因を見極めて原因を取り除くようなかかわりが求められる。

（6）認知症の人のパワーや残存能力

・過去の私的世界をもっている……娘にご飯を作らなければならないから家に帰るの！
・昔のことを比較的よく覚えている……隣の家は下駄屋でタケちゃんがいたの！
・できごとや体験・体で覚えた記憶はよく保たれている……箸を持ってご飯を食べる、タオルを絞る
・感情の世界……嬉しい、楽しい、悲しい、恐怖……やさしく穏やかな声をかけると安心する
・感覚の世界……痛み、かゆみ、気分不良、気持ちが悪い……尿失禁して濡れて気持ちが悪い
・体力……疾病がない限り体力はある

Ⅳ　認知症の人との関係をつくる（コミュニケーションの原則）

1　認知症高齢者のコミュニケーションに必要な知識

知的能力の衰退は、自分の意思を伝えられないコミュニケーション障害として現れる。そのために、「トイレがどこかわからない」ことを伝えられず、うろうろ探しているうちにお漏らしをする。介護者はその人が快適に暮らせるように生活環境を整え、個々人がもっている世界（虚構の世界に合わせた対応）をすることが重要である。

(1) 介護者のもつ基本的姿勢（態度）

① 全ての人を尊重する

② 自分も幸せになる（学習し、成長する、やさしくなれる）

③ 個人として関わる

(2) 高齢者の持つ一般的コミュニケーション障害の特徴を理解する

認知症でなくとも高齢になるとさまざまな機能が低下し、コミュニケーション障害を起こす。高齢者の特徴を理解し、さらに認知症のコミュニケーション障害について知る必要がある。

①歯の抜け、入れ歯が合わないことにより、言葉が不明瞭になる（言語、会話、音声障害）
②聴力・視力の衰えによる判断力、読唇力の低下
③言動がゆっくりペース
④気力の衰えによる声の張りが感じられない
⑤記銘力の衰え、認知症等により話の内容が理解できない
⑥同じ話を繰り返すなどコミュニケーションギャップが起きる
⑦時代の情勢についていけなくなり世代間の話が通じなくなる

（3）コミュニケーション障害を持つ高齢者への対応

a　老化や障害に伴う変化を理解する
b　相手の人格を受容する
c　納得の得られるような話し方をすること
d　相手の関心事に焦点を合わせた話題をみつける
e　名前を呼んだりスキンシップを図る
f　目線を合わせ相手の視線に入る場所、位置に座る
g　相手のペースに合わせながら話す

h　相互に確認しながら話す、短い文ではなす

i　簡単にパターン化して繰り返し伝えること

j　こども扱いや幼児語を避け自尊心を尊重して話す

k　顔の表情、身振り、手振り、声の調子に配慮する

（4）認知症高齢者の接近の方法（関わり方）……介護技術

①接近（介護者の表情、アイコンタクト、笑顔、構え（名前を呼ぶ、姿勢、手足の動かし方、行動の仕方）

②受容・共感の基本的姿勢

I am OK You are OK の気持ちが大切、本人が思っていることをそのまま受け止める

本人が望んでいることを支持し実現を助ける

③傾聴（耳をつき出して相手の流れに沿って聴く……頷く、もう少し聞かせてと具体的に質問し細部まで描いてもらう……心を傾けて）年齢、時間、なぜ？　など詮索したり追求の質問はしない

④共感

相手の言うことは正確に聴ける

相手の気持ち・感情を受け止める

受け止めた自分の気持ちを言葉や体全体で伝え返す

本人が望んでいることを支持し実現を助ける

相手が感じている深いレベルの感情を言葉で返せる

本人の言葉の内側にある本音の感情を大切にする
相手が認識していない感情を感じることができ、それを言葉で返せる
⑤沈黙の「間」を大切にし、本人の世界をともに味あう
⑥言葉の使い方（声のトーン、ゆっくり、はっきり、普通に、尋問調にならない）
⑦スキンシップ、タッチング（握手、なでる、さする、マッサージする）
⑧繰り返し（語尾を繰り返すことで話したいことを引き出す）
⑨相手のやりたいこと（意思決定）を助ける
⑩５つのＳに心掛ける
Ａ）Ｓｉｎｇｌｅ（一つの）
Ｂ）Ｓｈｏｒｔ（短い）
Ｃ）Ｓｉｍｐｌｅ（簡単な）
Ｄ）Ｓｐｅｃｉｆｉｃ（明確な）
Ｅ）Ｓｅｎｔｅｎｃｅ（文）

V　認知症高齢者のケアの実際（原則）

1　認知症のケアの原則

疾患名、経過を問わずすべての認知症に共通する介護の原則は以下のとおりである。

（1）認知障害により正常な判断力などが退化していく。出現する症状、生活行動の原因を把握して原因の除去に努める。

（2）日々の微細な観察により反応を察知し潜在能力（正常、健全な部分）、残存能力（パワー）に働きかける。

（3）個々の生活力や性格・趣味などの固有性に配慮し、外的な環境の調整と内的な感性への働きかけを遵守する。（生活習慣・環境・人間関係維持）

（4）本人の浸っている世界（虚構）を認め、ともに付き合うパートナーシップを持つ。

（5）身体状況が悪化したり、生理的欲求や日常生活行動を充たす必要がある場合、優先度複数の介護者などが誘導してケアする。

具体的には

①物忘れや認知障害のため生活上困難な状況を知る（微細な観察の重要性）
②生活上困難な状況を生じさせている原因が何かを知る（アセスメント）
（脳の変化により考えられる原因）……生活習慣・生活歴、性格、身体状況〈熱、冷え、痛み、かゆみ、水分不足、便秘、歩行障害、視力、聴力、病気による症状の変化、薬の副作用〉、環境〈温度、湿度、換気、照度、空間の状況、段差等〉、職員・同僚と本人との関係）、介護者の理解不足など
③なじみの環境を大切にする
④なじみの人とのつながりを大切にする
⑤なじみの生活習慣・価値観を大切にする
⑥認知症介護は本人のみでなく家族等長期に介護に当たっている人のケアも重要である。

2 認知症の原因（脳血管性とアルツハイマー病）による関わり方の違い

障害部位に違いがある脳血管性とアルツハイマー病においては現れる症状、認知能力にも差がある。認知症の介護を一括りにするのではなく、原因により介護の関わり方に注意する必要がある。

脳血管性の場合は、障害部位により異なるが麻痺、しびれや歩行障害など運動機能障害が現れる。また、言語中枢がある左側頭葉を侵されると多くの場合、言語障害を伴い感情失禁がみられ、接近しすぎると突然感情が爆発することがある。しかし、比較的長期間、理解力が維持されている。わかっていることがいくつかありながらも、その関係がわからず混乱することも多い。分かっていることを支持する。

一方、アルツハイマー病の場合、大脳皮質に障害が起こるため高次脳機能障害（知的・精神機能の障害）が

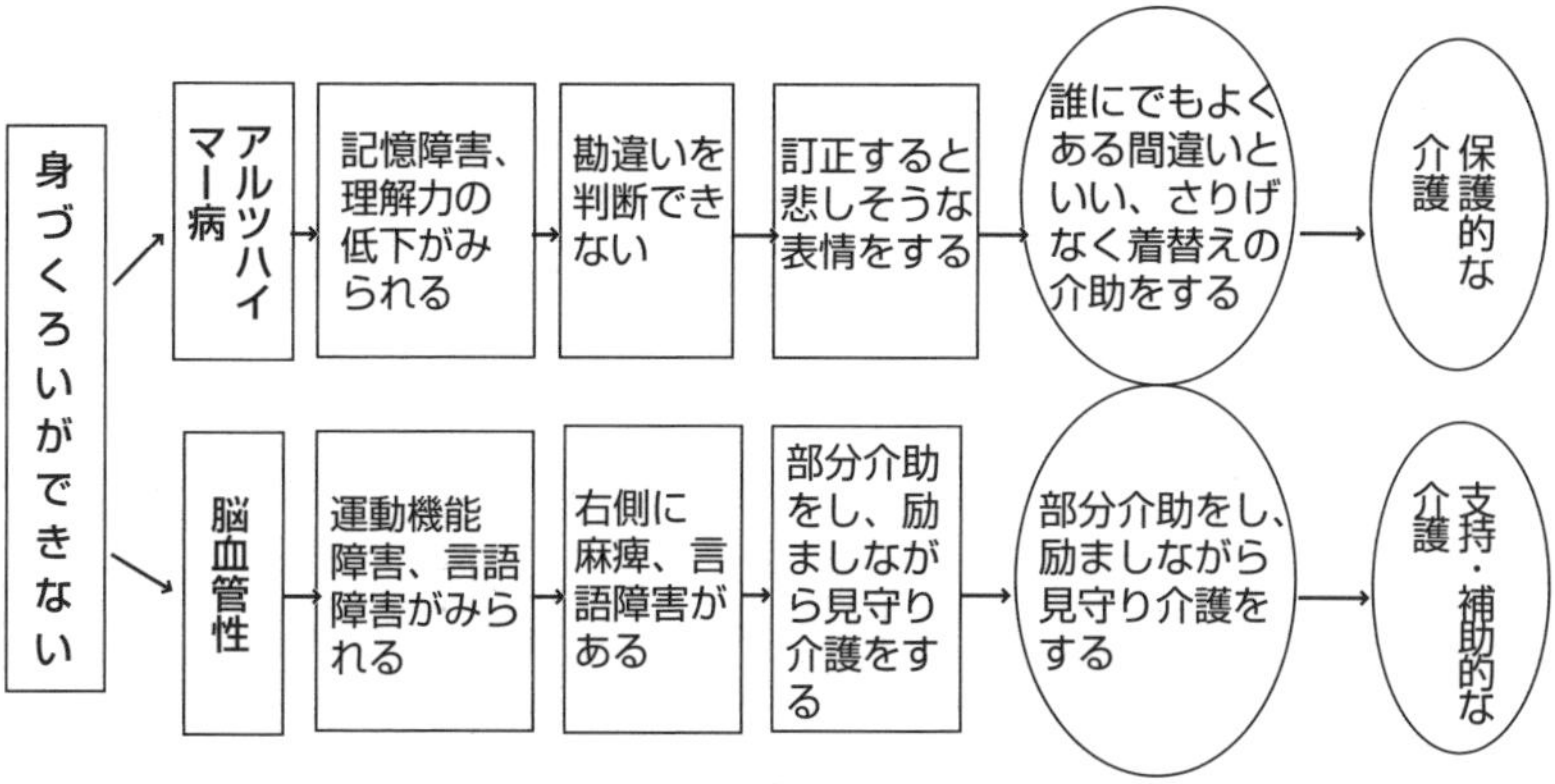
身づくろいができない
アルツハイマー病
記憶障害、理解力の低下がみられる
勘違いを判断できない
訂正すると悲しそうな表情をする
誰にでもよくある間違いといい、さりげなく着替えの介助をする
保護的な介護
脳血管性
運動機能障害、言語障害がみられる
右側に麻痺、言語障害がある
部分介助をし、励ましながら見守り介護をする
部分介助をし、励ましながら見守り介護をする
支持・補助的な介護

図3　脳血管性とアルツハイマー病との関わり方の相違

生じる。すなわち理解面、情報処理の障害、見当識障害、失行、失認による着衣障害、構成障害、健忘症状、注意力障害などが現れる。また、いわゆる行動障害は自己主張が思うようにできなくなるため、本人が不安と混乱に陥り異常な行動になって現れるものと考えられる。介護する場合、障害原因により現れる状態をよく理解し関わらなければ逆の結果を招きかねない。

脳血管性の場合はある程度、理解力があるので部分介助をしながら励まし、がんばれるように援助する。

一方、アルツハイマー病の場合は、自己主張が思うようにできないため、失われていない記憶を手がかりに感情に働きかけるようにする。すなわち、介護者が和やかな穏やかな雰囲気を醸し出し相手に共感する心がけが大切である。つまり、やさしく見守り保護的な介護が求められる。したがって、コミュニケーション（非言語も含む）にはことさら注意して接しなければならない。

例えば、身づくろいができない場合の脳血管性とアルツハイマー病の関わり方の相違を図示しよう。

3　認知症の経過に合わせた介護

認知症の経過は症状が現れてから末期に至るまで十数年に及ぶほど長い。その間に、現れる症状や状態にかなりの差がみられる。時期や経過に応じた対応が必要である。

(1) 初期

一見すると認知症かどうかわからないほど初対面の人には普通に対応する。しかし、毎日関わっている家族などには、鍋に何も入れずに火をつける、出かけたら家に戻れないなど奇異な行動が目立つようになる。この時期は以下ような対応がポイントとなる。

①プライドを傷つけないような言葉かけをする。
②本人の生活歴（職業・生活習慣）を把握し生活の中に役割を持つように支援する。
③身体的には自立している部分が多いので見守り介助である。

(2) 中期

混乱期とも多動期ともいわれ介護者に負担がかかる時期である。

①相手のニーズを観察して対応すれば問題の原因がわかる。
②危険を避けるため、住環境、なじみの環境への配慮をする。
③身体的には部分介助が必要である。

表 4　認知症の経過と障害項目との関係および介護のポイント

経過 障害項目	初期	中期	後期	項目に対応した介護
認知領域（記憶判断力・抽象思考）	短期記憶障害見当識障害	長期記憶障害	長期記憶障害短期記憶障害	否定せず相手の記憶の世界に入り共感する
	本やテレビをみて内容を説明できる自己の状態に対し困った状態だと嘆く	陽・陰の周辺症状（陽気、攻撃的・意欲減退、うつ状態）が現れる 幻覚・妄想、夕暮れ症候群が出現する	周囲の人はもちろん、徐々に自己に対する認識がなくなる。 喜怒哀楽、痛覚はある。 孤独を嫌がる	相手を尊重し言動を否定せず症状に合わせた対応をする 上記※印参照
日常生活行動領域（ＡＤＬ）	食事・排泄・着衣などの身体機能は自立しているが掃除、清潔に対する行動ができにくくなる	排泄に失敗が多くなる。入浴後さっぱり感がある。	空腹感、嚥下力はある。両便ともに失禁状態である。 自発的に動きたがらない	徐々にＡＤＬが低下してくることに留意して部分介助から全面介助へ移行する
手段的生活行動領域（ＩＡＤＬ）	買い物等金銭管理はできる	徘徊が進み目的地に行けなく（帰れなく）なる	判断能力の低下により自発的な行動ができない。	本人ができる間は役割を任せ見守るが後半は介助が必要である
対人関係能力	人と会話し相互に意思疎通がほとんど可能である	話が一方的になり意思疎通が難しくなる	会話は成立しないが話しをすることはできる	人と接することに充実感や喜びを見出すように働きかける
経過に合わせた介護	プライドを傷つけないような言葉かけをする。 生きてきた背景（職業・生活習慣）を把握し、生活の中に役割を持つように支援する。 身体的には自立している部分が多いので見守り介助である	混乱期とも多動期ともいわれ介護に負担がかかる時期である。相手のニーズを観察して対応すれば問題の原因が解る。 危険を避けるため、住環境に配慮する。 なじみの環境への配慮。身体的には部分介助。 1つのことにこだわりがある場合、気分転換を図る	本人の意思表示が困難なため、よく観察し変化を見逃さない。 過去へのいざない（昔の歌など）に対して喜びを見出させる。 傍にいる時間を多く持ち、スキンシップ、言葉掛けを行い安心感を持てるようにする。身体的には全面介助	どの時期も介護者（家族）の介護疲れに的確に対応する

（3）末期

身の回りのことが自分でできなくなり表現力も落ちてほとんど会話が成立しない身体的な低下もあり失禁や歩行障害もみられる。寝たきり状態になることが多い。

①一つのことにこだわりがある場合、気分転換を図る。
②本人の意思表示が困難なため、よく観察し変化を見逃さない。
③過去へのいざない（昔の歌など）に対して喜びを見出すよう働きかける。
④傍にいる時間を多く持ちスキンシップ、言葉掛けを行い安心感が持てるようにする。
⑤身体的には全面介助が必要である。
⑥移動時など二人でケアをするほうがよい

4　本人の歴史（生活史）への理解と対応

認知症高齢者は昔の記憶は比較的保たれており過去の経験や生活歴（職業、生活習慣、趣味、食事の嗜好、行動パターン）を背景に生きている。そのため、個々の認知症高齢者が現実と認識している過去の世界を理解することが大切である。その世界に浸っている間、介護者は単に話を合わせるのではなくその世界に入り込み一緒に体験（共感）する。また、食べ物の嗜好、趣味、職業などの生活史を確認する。例えば、布団の縫い目を全部ほぐす、夕方になると電球を調べる、朝、鞄をもって出かけようとする、肉類は食べるが野菜は一切口にしないなど、を微細に観察して日常の中に取り入れる。昔の歌や道具を使って過去を思い出してもらい楽しい追憶の時を過ごす。

5　環境を整え、なじみの関係をつくる

①自分の名前を名乗り常に同じ対応をする
②やさしい表情・相手の眼を見る・落ち着いた声の調子・ボディタッチできる距離・姿勢を低く並んで座るなどをする
③認知症高齢者と行動を共にすること
④認知症高齢者にとって頼りになる人になること
⑤雑音など邪魔になる音を取り除く（落ち着いた環境）
⑥わかりやすい環境（トイレの位置など）
⑦急激な居場所や人間関係の変化を避け、孤独にさせないこと
⑧安心する人（仲間、子どもなど）の間にいるようにすること
⑨清潔な環境・和やかな雰囲気を

6　日常生活行動に対する身体ケアと認知症ケア

認知症は成人後期から高齢になるまで普通に生活していた人が「知的能力が衰退」して生活行動に現れるので、一括りに「認知症ケア」とすると人権尊厳という表現で終始してしまいがちである。和田行男が言うようにすべてが認知症になったわけではない。「普通の人」＋「知的能力の衰退」＋「身体能力の消失」と重複してくるのでまとめて認知症ケアをしてしまうと人にあらずという特殊な目で見てしまいがちになる。

ケアとは介護・看護のことである。その人の生活を身体的・精神的に支え、その人が前向きに生きるのを助けることである。したがって、本人の求めていることを察知し、自分でできないところを手助けすることである。

（1）認知症高齢者の観察の重要性

介護者は日常生活への現れ方を観察する立場にいる。言葉が通じにくいためによく観察していると微妙な変化がわかる。認知症に対する対応のみでなく〝コミュニケーションがとりにくい高齢者の介護を行う〟ことが最も大切である。以下の項目を観察しアセスメントして介護目標を立てると援助しやすい。

①身体の異常の早期発見
②食事、水分
③排泄
④更衣・整容
⑤清潔（洗面、口腔内、手指、爪、入浴）
⑥体位・姿勢、移動（歩行等）、
⑦睡眠、休息
⑧集団の中での過ごし方
⑨人間関係

（2）身体の異常の早期発見（観察）

介護職が見落としやすい身体の観察ポイントは次の項目である。表情（目の動き、顔つき、顔色）、呼吸の状態、皮膚の状態（体温、痛み、むくみ、傷など）、体力（握力、姿勢の保持、動きの範囲）、視力・聴力、薬の副作用の有無。

（3）日常生活の援助の基本

1　食事

運動能力は低下していないため食事は一人でできる場合が多い。

アセスメント

・箸、スプーンは持てるか
・食事は一人でできるか
・嚥下障害はないか
・食事中に注意散漫にならないか
・あるだけ食べてしまったり、人のものを食べたりしないか
・食べたことを直ぐに忘れないか
・食べ物という認識があるか
・異食（食物でないものを食べる）があるか
・周囲を汚す、捨てるなどの行為はないか

・失語、失行による食べ物への無反応はないか
・食事を拒否しないか（身体状況、うつ状態、薬物、口内のトラブル、便秘、痛み）
観察点
・食べ方（姿勢・動作）の観察
・食事、水分摂取量の確認
・食べ物の形態・盛り付けの工夫はどうか
介護目標
・適切な栄養と水分が摂取できる
・食事を安心して食べることができる
・食事を一人で摂ることができる
介護方法
①食習慣はその人の生活の営みを継続するもので個別性が高いことを理解すること
②おいしく楽しい食事ができるように配慮すること
③安全な食事介助…嚥下予防や食中毒予防
④集団の中で団欒の雰囲気をつくること
⑤できる限り自分で食べられる雰囲気をつくること
⑥食べ物を混ぜてしまう時は一品ずつ、１口分を取り分ける
⑦食べ方が分からない場合は手で持てるおにぎり、サンドイッチを用意する

⑧他人のものを食べるときはテーブルの位置の工夫
⑨過食傾向にある人（食べても直ぐ忘れる、食べさせてもらえないという）には、おやつなどを用意しておく
⑩拒否する時はその理由を聴く（子どもに食べさせる、毒が入っているなど）

2　排泄

アセスメント
・尿意・便意があることを告げられるか
・トイレに一人で行けるか（場所が分かるか、歩行できるか）
・用便前後の衣服の始末ができるか
・用便後の処理ができるか
・尿失禁はあるか（オムツ使用の有無）
・便失禁はあるか（　　〃　　）
・排泄物が認識できるか

観察点
・下腹部の状態（下腹部が張っていないか触れて確認）
・食欲、嘔吐、発熱、（消化器症状等の確認）
・不穏（徘徊が増える）

・トイレ使用後の確認（排泄物の量や性状の確認）
・着衣の臭い
・衣類への便の付着
・薬使用と便秘の確認

介護目標
・排泄が自立する
・トイレ誘導で失禁が減るまたは消失する

介護方法
①トイレ表示を明確にし、根気よく誘導する
②落ち着かない動作（キョロキョロ、そわそわ）した時はトイレのサインと考え誘導する
③排泄パターンを把握し誘導する
④夜中に起きだしたときは誘導する
⑤トイレ誘導を拒否する時は間をおいたり、人を変えるなどの工夫をする
⑥徘徊中は同じ方向に歩き、いつも使用しているトイレに誘導する
⑦オムツを拒否する時はトイレに誘導する
⑧排泄を認知できない時はパンツを途中まで下ろすと動機づけになる
⑨着脱が楽な衣類にする
⑩排尿しがちな場所にポータブルトイレを置く

3　清潔

（1）入浴

アセスメント

・一人で衣類の着脱はできるか
・一人でからだを洗い、浴槽に入れるか
・入浴をいやがるか

観察点

・入浴をいやがる場合の理由を観察
・人前で裸になることの抵抗（不安・恐怖・おっくう）
・何をされるか心配
・脱いだ衣類を盗まれないか不安
・水をこわがる、浴槽をこわがる

介護目標

・清潔ケアに対する拒否や不安を和らげ気持ちがよくさっぱりした感覚を実感する
・促しや介助することで洗顔や入浴ができる

介護方法

①いやがる時は気分のよいときに誘導する

②環境の整備（寒くないように）
③グループで入ると安心することもある
④温泉や銭湯に行きましょうなどと誘う
⑤うまく誘導できない場合は人を変える
⑥本人の生活歴や生活習慣を把握する
⑦浴槽に入らない時はバスタオルをかける
⑧足元から湯を掛け、言葉をかけながら一人でできないところを介助する
⑨浴槽から出ないときは次の行動に移るように指示したり、気を引く（食事の用意ができました）ような
言葉をかける

（2）洗面
介護方法
①手を先に洗う
②介護者が自分の顔を洗い、その動作を見せ、促す
③顔を拭くときは言葉かけをしてから行う

髭剃り
介護方法
かみそり（T字・電気）は本人の好みに応じて使う

（3）洗髪

介護方法
①あらかじめブラッシングをすると頭皮を刺激し洗髪に誘導することができる
②少しずつ湯を掛けてすすぐ
③ドライヤーで乾かす
（4）清拭
介護方法
全身清拭……コミュニケーションの手段ともなり観察するよい機会となる
①熱い湯で絞ったタオルまたは蒸しタオルで拭き、気持ちがよいと感じさせる
②室内を暖め、不必要な露出を避け寒さを感じさせないようにする
③手早く、（30㎝の距離を1～1.5秒で一往復する）平均した圧力で静かに滑らかに行う
（5）陰部清拭（洗浄）
二次感染防止のため採尿器装着時、オムツ使用時は毎回行う
プライバシーに配慮し、手早く行う
気を紛らわしたり説明したり優しい口調で言葉かけをする
（6）口腔ケア
①口腔内は細菌の温床となり、夜中に唾液や胃液が気管内に入り嚥下性肺炎になりやすいため特に就眠前は口内を清潔にする
②口内を開けない見せない人には、残歯、虫歯、歯槽膿漏があるなどを念頭に置く

③介護者が自分で歯磨きをし、その動作を見せながら促す
④嫌がる場合は、ブラッシングのみで清潔にする
⑤うがいができない場合は介護者がブクブクといいながらやってみせる
(7)眼・耳・爪のケア
①耳・爪の手入れは同時に行う方がスムースである
②嫌がる場合はグループで実施する
③嫌がる場合は時間を置いて機嫌のよいときに行なう

4　衣、身だしなみへの援助

アセスメント
・一人で衣類の選択はできるか(温度・季節感の認知、衣類の種類の認知)
・着る順序が理解できるか
・ファスナー、ボタンなどが掛けられるか
・衣類をつけている認識があるか

観察点
・衣類をきちんと着られていないのはなぜかを観察する(無関心・盗られる心配、動作困難)
・行動やしぐさの程度から、どのような介助が必要か観察する
・形・色などの好みを把握する

・衣類の着脱能力を把握する
・視力・健康状態（湿疹・かゆみなど）を把握する
介護目標
・好みの衣類をきちんと着ることで生活に意欲が生まれる
・着替えることで昼夜のメリハリがつく
介護方法
①本人のできるところを尊重して介助する
②本人の好みや意見を尊重する
③自分で着脱しやすい衣類を選ぶ
④着る順序に重ねる
⑤一枚ずつ手渡す
⑥着脱を拒否する時は時間をおいて行なう
⑦支持的な声掛けをしながら行なう
⑧ちぐはぐな着方にはさりげなく援助する
⑨脱ごうとする動作には原因を確認する（皮膚疾患、不穏、便秘、失禁）

Ⅵ　事例を通して対応の仕方を知ろう

1　自宅で過ごすSさんの場合

（1）事例の状況　小〇S子　明治四十三年十月生（九十四歳）女性

本人が四十六歳のときに夫に先立たれ九人の子を小学校の教員をしながら育てた。五十歳で退職、主婦として子どもと生活していた。

八十歳頃より物忘れがひどくなり買い物などに出かけると自宅に戻れなくなることが多くなっていたが、日常生活はほぼ自立し自宅で長男夫婦とともに三十年間暮らしていた。

九十歳、自宅で転倒し大腿骨頚部骨折を起こし手術後、急速に認知症が進行した。医師には歩行は無理といわれたが予想以上に回復が早く歩行可能な状態になった。一年後に転倒し、右手首の骨折し、入院後歩行不能となる。認知症の進行過程をみると身体的ダメージを受けるごとに状態が悪化している。平成十三年十月から娘宅で在宅ケアを受ける生活が始まり一年が経過した。

（2）既往歴

二年前には大腿骨頚部骨折、一年前には、リウマチ性多発性筋痛症、右橈骨遠位骨折で入院した。翌年八月には胆嚢炎のため一カ月間の入院生活を送っている。一年に一度の割合で発熱が原因で入院しているが、内臓の病気はなく七十歳代に白内障を手術し視力はある。難聴であるが近くで話すと聞こえる。

（3）現在の状態

Sさん何年生まれですか、と問いかけると「明治四十三年十月二十七日」とよどみなく答えてくれるが、お年はと聞くと「さあ、いくつかしら」と目を宙に向けてしばらく考え、「二十歳《はたち》かしら」と言う。季節、時刻、場所などもわからない様子である。娘が私の名前は？　と聞くと困ったような照れ笑いをして答えない。たぶん娘だとわかっていても思い出せないのでそんな表情をしているのではないか。ホームヘルパーと娘が関わっているときのSさんは娘の場合、すべてを任せるといった安心した表情になる。ホームヘルパーと娘とでは明らかに表情が異なるのである。名前は言えなくても声の調子やしぐさから自分が育てた子どもはわかるのではないか、と思う。また、ホームヘルパー数人がSさんに関わっていたが、表情が和む人と緊張する人とがいて、人の関わり方の違いが表情をよく観察しているとわかる。答えられないから子どもと他人の区別ができない、認知症の人は何もわからない人と単純に決めてしまうと本人の持っている潜在

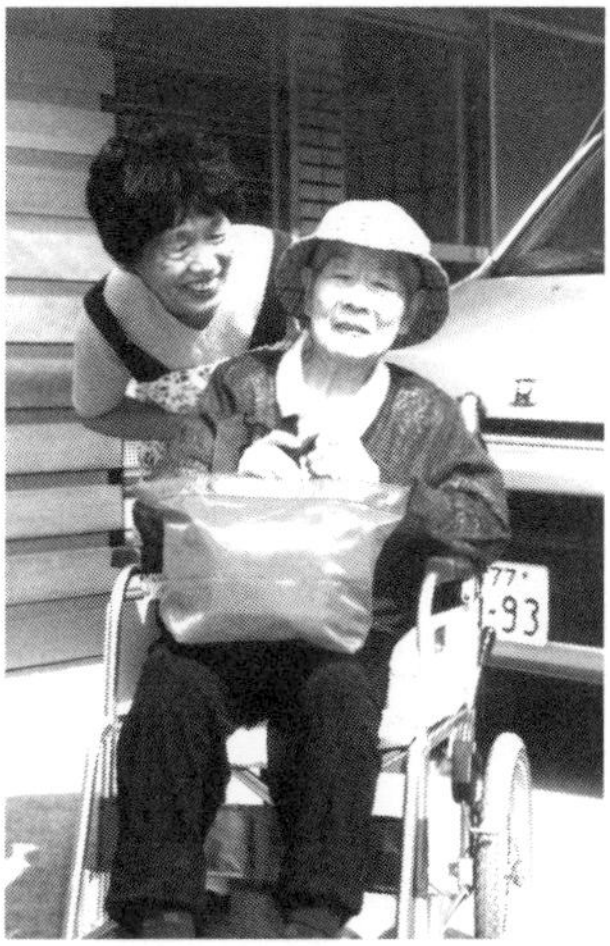

能力や可能性を引き出せない。言葉で喜怒哀楽を伝えられない（コミュニケーション障害）場合は表情をよく観察して相手の気持ちを察することが重要である。家族がベッドの隣でふとんを敷いて一緒に寝る。

Sさんは膝が曲がり歩行困難なので、日中は車椅子か安楽いすに座って過ごし、夜はベッドで寝る。あるとき、安全ベルトをはずしてSさん一人にしていた。歩けないと思っていたSさんが玄関から外に出てしまった。たまたま、部屋に行ったらもぬけの殻、驚いて外へ行ったところ、玄関前の車の脇にうずくまっていた。怪我はないかと急いで調べたが異常はなかった。そのとき以来、一人にするときは安全ベルトを締めるなど慎重になった。

デイサービスに行かない日はいすに腰掛けて歌を歌ったり、家族（子ども）と話をしている。時に「背中の赤ん坊は寝たかしら?」と心配そうに聞く、食事のときは「赤ん坊にも食べさせて～」と背負っている赤ん坊を気遣っている様子が見かけられた。また、「窓の方に誰かがいる」などと人の気配を感じる様子で訴えることもあった。最初は驚いたが、あえて否定せず、Sさんの浸っている世界へ一緒に入り共感するようにした。なぜか、対面の姿勢よりも横に並んだほうがSさんに共感でき、Sさんを愛おしく思えるひと時である。冷静に観察する場合は向かい合って目線を低くして接するが、Sさんの気持ちを理解する場合は並んで接するなど介護者の姿勢も自ずから変化するものである。

九十四歳のSさんは一日デイサービスに行き、集団の中で活動して疲れるようで、夕方は不機嫌になり、表情も厳しく、すべてのことがらがわからなくなる。たとえばポータブルトイレに座っても排尿せずに立ち上がった途端に失禁してしまう。入れ歯を外す時に極端に抵抗し、ねまきと着替える時は寒くていやだと衣服を押さえている。夕暮れ症候群は認知症特有の症状であるが、このときの家族や介護者は大変である。このような場合は、早く落ち着いた気分にすることが最優先である。排泄、着替えなどを家にいるものが総動員して手際よく行う。

夜中に眠っているにもかかわらず子どもと話をしたり、突然大声で娘の名前を呼ぶことがよくある。しばらく様子を見るが起き上がったりした場合はオムツを替え、お茶を飲んでもらうと落ち着くことがあった。「夜間せん妄」という症状であろう。

（4）身体及びADLの状況

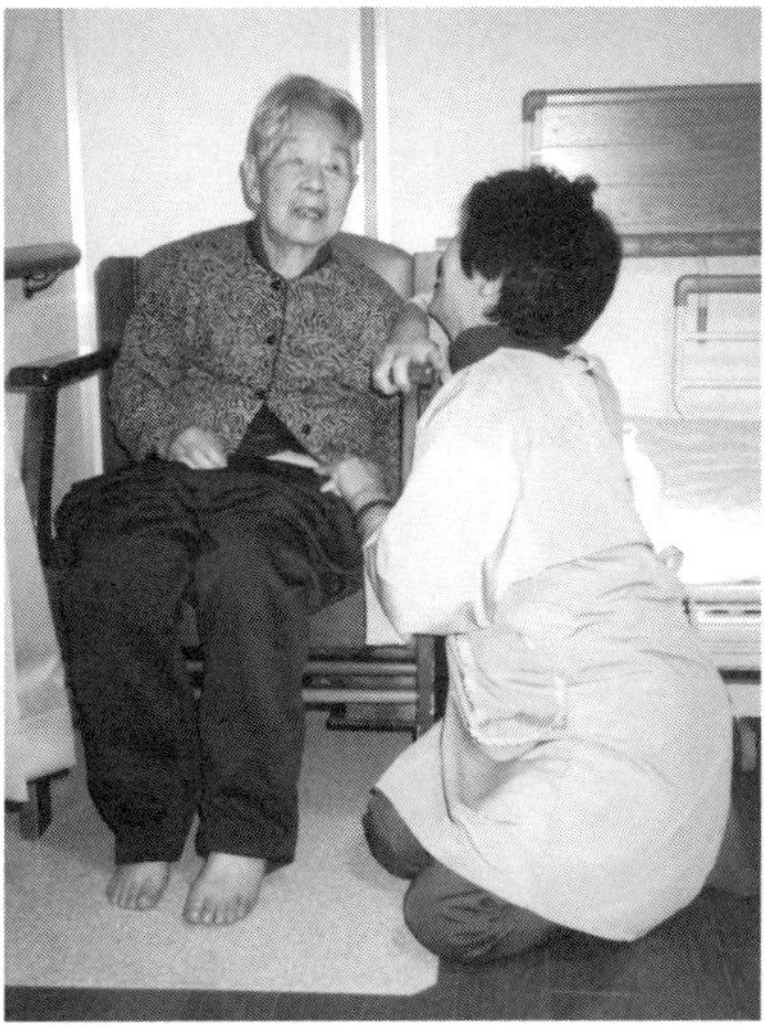

Sさんは脊椎彎曲（円背）で背中が丸く、その上左背筋が右に比べ凹んだ状態で上体が左に傾いた姿勢となってしまう。椅子に座るときは背中にクッションを当てて姿勢を保持する。両膝が曲がって固まってしまい（拘縮）支えると一瞬、立位できるが歩行不能である。

排泄を教えられないために常時、おむつを使用し、時間でポータブルトイレに誘導する。

Sさんは椅子に腰掛けて家族のテーブルを見下ろす位置で家族と一緒に食事をする。箸が持てるので一人で食べてもらうが時に目を離すと湯飲みの中にエプロンを丸めて入れたり、箸をシャツの中に仕舞い込んだりする。ご飯とおかずを一緒にしてしまったりするのでフランス料理方式で一品づつテーブルに載せたり介助に工夫が必要である。また、時に食事という観念がないらしくぼんやりとした表情をしている。二、三口食物を口に入れると後は自分でたべ始める。気が散るのであまり頻繁に声は掛けないないが、誤嚥を予防するために食事時は前傾姿勢にし、食べ方などを見守り、時に介助する。Sさんが訴えないので脱水にならないように必要量の水分補給を行った。

入浴はデイサービスで週に二回、家で一、二回入っていた。全面介助なので人手があるときに二人以上で行った。入浴はプライバシーの配慮と転倒防止の配慮とが必要である。

（5）Sさんへのかかわり方

Kホームヘルパーは「Sさんおトイレにいきましょうか」「まだ、出たくない」「あぁ、そうですか。もう少しまちましょうねえ」とSさんに話し掛ける姿勢は腰を低く落とし目線はSさんよりも低くSさんの斜め前から、にこにこしながら、はっきりとやや大き目の声で話しかけている。難聴のSさんにもよく聞こえるようでKヘルパーに誘い込まれて、表情を和らげて対応している。

ポータブルトイレに腰掛けているときに寄り添うように近づき手を握る。お腹をマッサージするなどのボディタッチを行っている。Sさんもトイレに腰掛けながらヘルパーのエプロンの紐を直している。Kヘルパーは Sさんに対し、常にていねいに接し一つの行為ごとに、これからすることを説明し、相手の反応を確認し、いとおしい人を見ているような眼差しと態度である。Kヘルパーのこのような態度は言動、表情、介護技術のすべてに表れている。介護者の穏やかな表情と優しい声の調子、しぐさの全体からSさんはヘルパーを信頼し、やがてなじみの関係ができ、安心したときを過ごすようになる。

「ことばのもつ役割よりも表情、声のトーン、身体の動きなど非言語コミュニケーションを重視し「言葉が使えなくても、気持ちを共有することでかなりのところまで共感できる」。Kホームヘルパーは S さんと共感し、安心、安寧の人間関係を成立させ、なじみの域までは達したと思われる。認知症高齢者とのコミュニケーションの確立のためには相手への配慮として、行為の前に短い言葉で説明して同意を得る（反応のないこともあるが）、身体接触、介護者の姿勢など言語性、非言語性を同時に組み入れた援助が重要である。

介護技術は写真に提示しているように、介護者は S さんが安心するように介護技術の原則（重心を低く、支持基底面を広くし相手に接近し全身の筋や関節を使う）を十分理解し、S さんをしっかり支え介護している。両膝に拘縮があり、一人では立位が困難な S さんのような人の後ろから支える介助方法は有効である。介護技術を駆使し利用者を安全・安楽に整えることが介護職に求められる。

2 Sさんに行った援助の実際

（1）認知領域に対する働きかけ

① 一人でいることを極端に嫌うため、孤独にさせないことに留意し、できるだけ人が傍にいる機会を多く持つ。
② 温度・湿度などの調節をこまめに行いに安心して過せるように住環境に配慮する。
③ 急激な変化を避けなじんだ環境、安心の場、人を維持するためホームヘルパー、介護者を決まったリズムでローテーションをする。
④ 食事は朝夕ともに S さんと家族と一緒に食べる。
⑤ 月曜日から金曜日までデイサービスを利用し、なじみの仲間の集まりを作ることをとおして社会との接

触を多くする。

⑥症状や状態に時間や日の変化がみられるため、言動、反応様式、行動パターンをよく把握し気持ちや心理状態を理解し対処する。

⑦昔の人の名前を言い、教員になり子どもに教えている場面では介護者がSさんの記憶の世界に入り共感し理解する姿勢で対応している。

⑧食事、排泄などSさんのペースに合わせ、行動をともにする。

⑨「背中の赤ちゃんはもう寝たかしら」などの問いかけには「ゆっくり寝ていますよ」など事実ではなくても否定しない。

(2) 介護者の態度

認知症介護といっても「その人は認知症状を呈している一人の人間である」ことに変わりない。しかし、介護を受ける利用者と介護する者は人間としては平等であっても、する側とされる側という非平等性の関係になりがちで利用者は弱い立場に置かれている。

したがって介護者は相手の苦痛やつらさを思いやる態度、秘密やプライバシーを守る態度、訴えのない人ほどいろいろな苦しみを持っていることに思い巡らす態度、相手のプライドを守り相手と同じ目線で接し見下ろさない態度を身につけることが重要である。認知症高齢者はつらい、悲しい、嫌いなどの感情を持っていても自らの訴えを表出できない。そしてそのような感情は、相手をつねる、引っかく、打つなどの行動に出るため、いわゆる「問題行動」として認知症の特徴として一括りにされてきた。一般にみられる攻撃的行動、逃避、抑

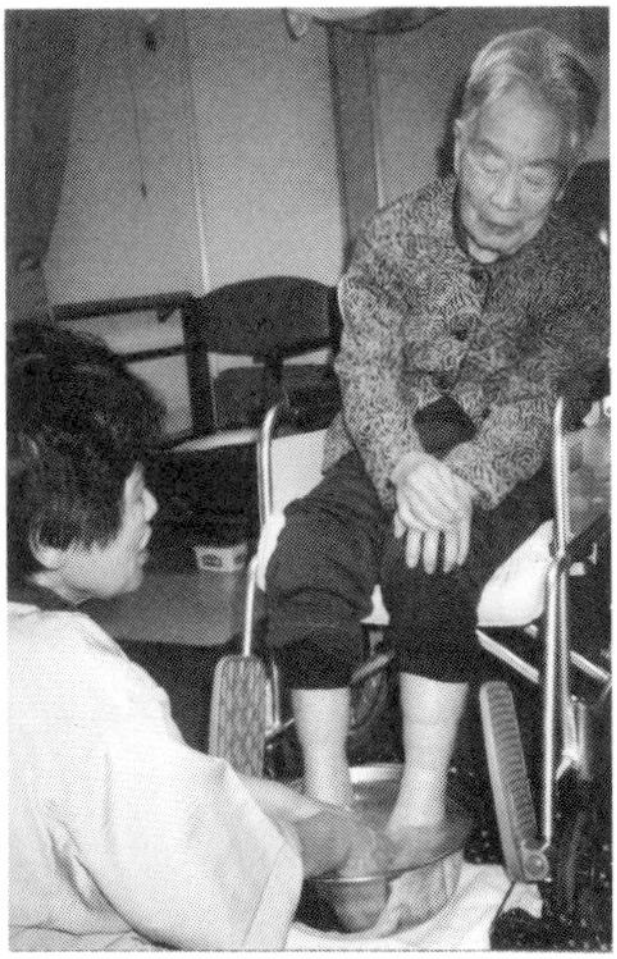

うつなどはその行動の引き金となっている原因や理由が潜んでいることが多い。
　ところで、認知症ケアは従来、知能低下や周辺症状に対する個々の対応の仕方が主であった。特に、コミュニケーション障害により意思疎通に対する対応に終始していたように思われる。しかし、長期の経過をたどる過程で認知障害と平行して身体機能の低下、つまり、ＡＤＬの低下が顕著となる。また、一方的な話しは可能だが相互理解を伴う対人能力はかなり早い段階から低下してくると考えられる。
　したがって、介護の視点から分類すると認知症の経過に伴う変化に対するケア、認知領域、生活行動、対人能力の障害の程度に対するケアの両面からケアの方法を考えることが必要である。

Ⅶ　認知症の予防

厚生労働省は平成十八年度から介護保険制度を見なおし要支援・要介護のいわゆる軽度の生活障害者に対して悪化を防ぐ目的で介護予防を盛り込む方向で検討している。

認知症にたいしても例外でなく、できることなら認知症にならないような生活の過ごし方を検討している。以下の点に留意する。

①血圧の調整……高血圧のコントロール
②食事の管理……塩分控えめ。禁煙。節酒
③適度な全身運動
④身体のコンディションを良好に保つ
⑤安定した精神と……読書、書くこと、話す、聴く、趣味を持つ
⑥人とのつながりを大切にすること
⑦明るく前向きな気持ちを持つ……おしゃれ、全身の気配り

介護福祉二〇〇四、秋季号、№55　一二九頁参照改変

【参考文献】

高崎絹子『痴呆の介護』介護支援専門員標準テキスト、長寿社会開発センター、一九九八年。

室伏君士『痴呆老人の理解とケア』金鋼出版、一九八五年。

五島シズ・福祉士養成講座編集委員会、三訂社会福祉養成講座『介護概論』中央法規出版、一九九九年。

大塚俊夫『老年期痴呆の種類とその特徴』臨床看護、18、4、へるす出版、一九九二年。

高松純一『アルツハイマー病・ピッグ病の病態・治療』、臨床看護、18、4、へるす出版、一九九九年。

小池妙子『在宅における痴呆性高齢者に対する介護者の態度とコミュニケーションの実態』大妻女子大学人間関係学部紀要、創刊号、二〇〇〇年。

ピーター・ノートハウス他『ヘルスコミュニケーション』九州大学出版会、一九九八年。

鎌田ケイ子編『新版看護学全書　31　老人看護学』メヂカルフレンド社、一九九二年。

Ｎａｏｍｉ　Ｆｅｉｌ『バリデーション』筒井書房、二〇〇二年、四九頁。

介護福祉二〇〇四、秋季号、№55　一二九頁。

三好春樹『痴呆論』雲母書房、二〇〇三年。

小池妙子編著『社会福祉選書12　介護概論』建帛社、二〇〇二年。

介護の専門職としてエイジングをみる

佐藤　富士子

Ⅰ 「老いる」を意識する時期

1 家庭介護から施設介護へ

特別養護老人ホームなど老人施設に現在入所している人は、自分が将来老人施設にはいっているだろうと、どのぐらいの人が思っていただろうか。現在入所の高齢者年齢にばらつきは見られるが、多くは年齢が八十歳代、九十歳代の明治から大正、昭和の一桁生まれである。ライフステージで言うと高齢者のなかでも後期高齢者という段階である。六十五歳以上を〝高齢者〟という段階としているが、高齢者の時期は個別によって身体的機能、精神機能などに差が大きく、一年一年の加齢による変化も大きいといわれている。このため、六十五歳から七十五歳までを前期高齢者、七十五歳以上を後期高齢者に分けられている。後期高齢者の年代はちょうど私の両親ぐらいの年齢で、この年代のなかには戦争体験者もいるし、戦地で戦った経験や空襲体験、あるいは学童疎開など、社会の変動が激しいときに青年期あるいは思春期、学童期に生活を送った人たちでもある。わたしの父も戦争体験者であった。

また、この年代は結婚するまでの過程も現在とは異なり、家族の体系も多くが三世代同居などであった。特に農村地域では長男の家に嫁ぐというスタイルであり結婚後は家のしきたりに従い舅姑に仕え、寝たきりになれば舅姑を亡くなるまで面倒を見て、あたり前のように家族介護を受け入れていた。その見返りが財産の委譲だったのかもしれない。家族介護の中心は嫁であり、家族もまた嫁の介護する意思に関係なく当然のように介護を求められる。このような家族形態は農村地域だけではなく、わが国の多くの地域で行われていたといってよい。

しかし、社会は農業中心から産業中心に変わり家族の形態も世帯規模が減少・縮小し三世代同居から核家族化し、〝親の面倒をみるのがあたりまえ〟と言う意識は低下してきた。農村地域の家族形態も変化していった。より豊かな生活を獲得するためにだけではなく、サラリーマンをしながら農業を続ける兼業農家も増加していった。家族数が少なければ従来家族で面倒を見ていた家庭における介護力の低下が加わることになる。そのため、一部では現在も家族で介護する人たちもいるが、家族介護から施設介護へと変わってきた。施設で介護を提供するとき、介護を必要な人を目の前にし、その人がどのような老いを意識し、どのような老後を過ごそうと考えてきたのかということを考慮した介護の提供をしてきただろうか。人はいつの時期にそのようなことを考えるようになるのか。介護の専門職であれば人の老いはどのようなもので、介護サービスを受ける一人一人の老いまでの過程を把握し、その人の介護に活用できなければならない。

2　介護の専門職として〝老い〟を観察する

介護は〝観察からはじまる〟ということばを耳にしたこと、あるいは介護の現場で実際にそのことを実践している介護もある。施設や在宅で介護サービスを提供していく過程のなかで〝個人の老い〟の観察を「いつ行い」「介護サービスのどの部分に活用するのか」について考える。

介護は家事と平行しながらわが国では昔から家庭内でも行われてきていることである。このように、介護は日常生活面を取り扱うという性格から専門知識や技術は必要としないと指摘される。専門職業となってからは、介護への考えや介護技術が、決して先輩から後輩への伝授ではなく、「どのようなために介護をなぜ行うのか」という根拠を考えた介護が求められるようになってきた。さらに、介護を受ける人の一人ひとりの人生が異なり、その人の価値観や日常の中の生活でのこだわりも異なる。介護は教科書にある一般方法で一律同じ介護方法を提供していくものではない。これらを含めた介護を行うために介護者に求められるのは観察力である。

日々、現場では意識しないでも観察を行っている。〝観察する〟とはどのようなことか考えてみると、「観察するとは、自分の目の前にあるものに対し、それが表現している事をありのままに見て、周りの状況や相手の思い、考えといった真意を素早く察知すること」と言えるのではないだろうか。そして、観察したそのことから、介護として何が必要かを判断することも求められる。決して目に見えることだけではないことがわかる。

例えば、少しの介助があればベッドから車いすへの移乗動作ができる要介護者の介助に行ったとする。この利用者の何を観察するか。この人は長い間の農業で海老のように腰が曲がっている人を車椅子に乗せようとしても教科書どおりでは実施できないであろう。ベッドからの起き上がり、足腰の力の程度、端座位での姿勢の状態、車いすの位置、自分で行おうという気持ちや意欲の有無、移乗動作の理解の有無などを観察でき、腰の曲がっている体位をどのようにすれば本人の苦痛をせず、移乗できるかを工夫しなければならない。

他にもたくさんあるかもしれないが、これらの観察したことから利用者のもっている力と意欲を引き出し、介護者は要介護者の動作のどの部分を介助すればよいか、どのような言葉をかけると自分で行おうとするか、などを判断しながら介助しなければならない。

要介護者のニーズを把握するためには観察をする能力が不可欠といえる。介護職に求められる観察能力は、事実をありのままに見て、周りの状況や相手の思いや考えといった真意を素早く察知する鋭い力とそれらが何を意味するかを読みとる判断能力との両方である。

観察は自分の目を通して行う。しかし、自分の目に見えるものは限りなく存在するので、自分の中に何のために何を観察するのかが決まっていないと、自己流の勝手な取捨選択した偏った観察になってしまう。介護に直接意味のないようなことにこだわり、本来必要な事実を観察できずまったく違う方向へ介護が行われるようであってはならない。

介護を行うために観察をするのだから、いつでも、どこでも、介護をするということを意識して介護を受ける人を見ている。そのためには、〝介護とは何か〟を自分のものとして理解し、介護の場面で観察できるための知識が必要であり、専門職業として意図的に観察することが求められる。

特に、その人がどのような人生で〝老い〟をどのように受けとめ、残されている人生についてどのような生きがいを見つけ、介護者がサポートしていくのかを考えなければならない。

3　介護とは何か

介護は「生活の自立支援である」という事を耳にする。社会福祉士および介護福祉士法において、介護福祉士とは「介護福祉士の名称を用いて、専門的知識及び技術をもって、身体上又は精神上に障害があることによ

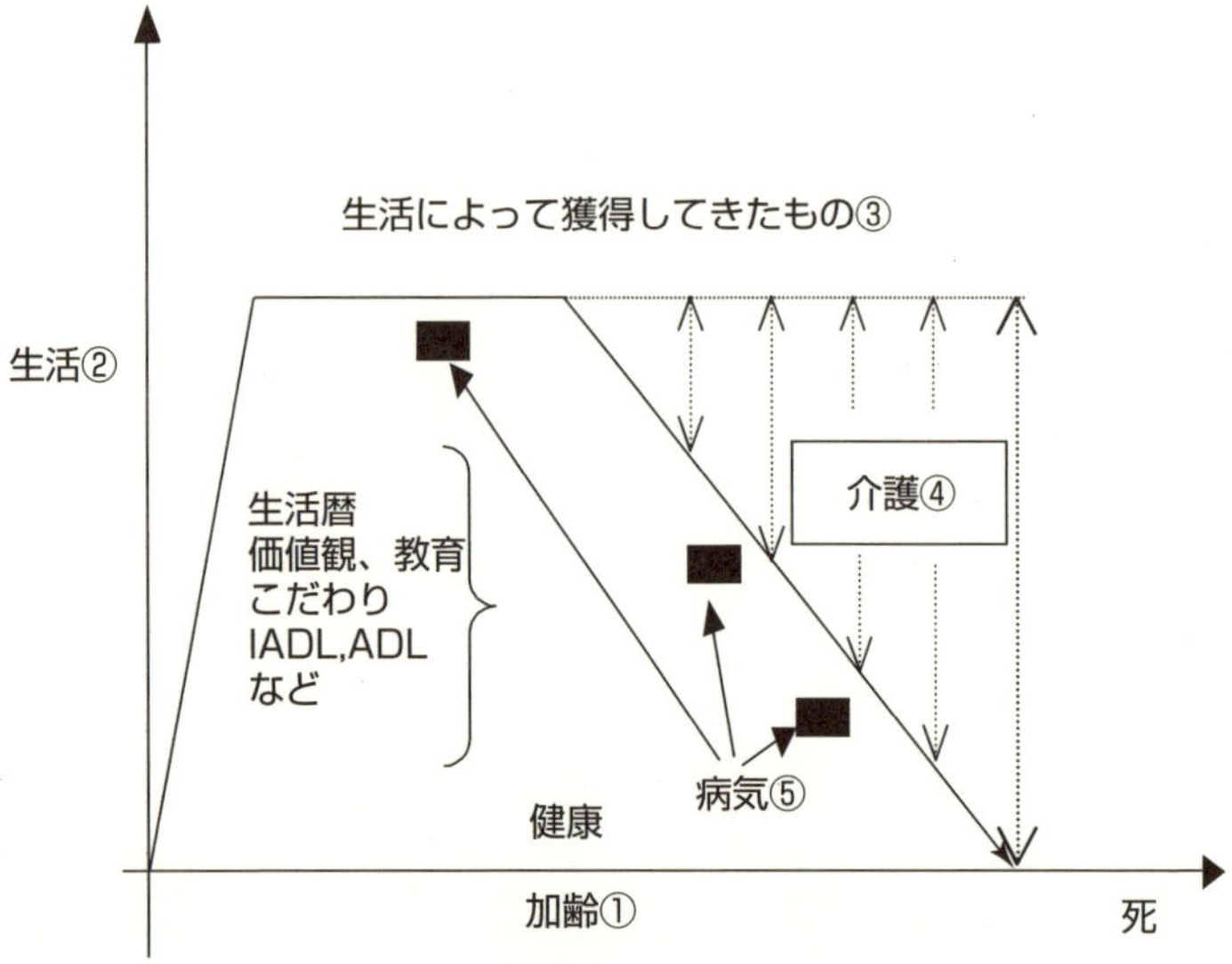

図1　介護を考えるモデル図（佐藤）

り日常生活を営むのに支障がある者につき入浴、排泄、食事その他の介護を行い、その者およびその介護者に対して介護に関する指導を行うことを業とすること」とある。この文章からは介護福祉士がどのような仕事をする職業かは書いてあるが、〝介護とは何か〟という介護の本質ともいえる定義がない。

加齢や人生の途中に何らかの疾病や事故などによって、障害を抱えて生活を送らなければならない人が、介護の対象となった場合、介護とはその人がその人らしい生活を獲得するために、その方がもともと持っているさまざまな能力が、十分発揮されているか把握し、発揮されていないときは発揮しやすいように支援することである。また、十分発揮している場合は、不足している部分を支援することである。

介護を図で書いてみると、初めに、生活と加齢を縦軸と横軸において見る。（図1―①・②）介護は、ひとの生活に関わり、生活能力が加齢や障害によって今まで自分でできていたことができなくなるという変化することで必要とされる職業である。人のライフサイクルをみると、生まれてからまもなくは親のしつけを受けながら日常生活習慣を就学前頃までにほぼ身につける。それ以降は、生活環境や教育、社会などの影響をうけながら自分らしい生活を獲得しする。そのなかで獲得してきた生活暦や価値観、あるいは生活習慣へのこだわりなどが出来上がり、その人らしい生活が獲得する。(図1—③)。この獲得してきた生活が個別性である。

しかし、加齢や人生の途中に何らかの疾病や事故などによって、障害を抱えて生活を送らなければならない人が、介護の対象となった場合、介護とはその人がその人らしい生活を獲得するために、その人がもともと持っているさまざまな能力が、十分発揮されているか把握し、発揮されていないときは発揮しやすいように支援することである。また、十分発揮している場合は、不足している部分を支援することである。このように加齢や障害などによって日常生活能力の低下した人、疾病によって障害や病気を抱えながらの生活を余儀される人あるいはその混合した人に対し、生活暦や価値観、生活習慣へのこだわりなどその人が獲得してきた生活を継続できるように支援することが介護である。(図1—④)

この生活能力の低下していく傾斜は個人によっても異なり、直線的に傾斜していく人もいれば、個人レベルで健康のためのさまざまな努力によって曲線で傾斜していく人もいるだろう。また、加齢による低下だけではなく、人生には自分らしい生活を獲得している途中で病気にかかることもある。このようなときは医療が中心に関わり、治療や看護によって元の健康状態に戻ることができる。(図1—⑤)この時期はその人らしい生活の維持よりもむしろ病気を治すことが優先されるのである。介護と看護の違いはここにある。

Ⅱ　加齢と三世代同居の地域性

1　老いの準備

人はどのぐらいの年齢に達すると〝老い〟というものを感じるのだろうか。老いと感じる年齢というものがあるのだろうか。老いという言葉にはマイナスイメージがある。ことわざの中にも「老いの僻耳」というように老いという言葉は高齢期になってから自分の老いを感じるのではない。自分のことを振り返ってみても、二十代はスポーツ三昧、三十代は子育てと仕事の両立に奮闘、四十代は現場で奮闘し、この間体力の低下を感じることはなかったし、他人事のように思っていた。しかし、五十代に入った今の時期になると〝老い〟をしみじみと感じることができる。

体力の低下や記憶力の低下など、人の名前がすぐに思い出せず、時間を経ってからあの方の名前は「……さん」ということから始まり、歩行数や運動量の無さは体重増加となり、階段の昇降で膝が痛むといった具合である。体力的にはこのように感じているが、今後六十代七十代といった年齢が増すごとにどのような老いを経過していくのか、生まれ故郷の地域性や家族を振り返り、老いをまとめてみる。

私が物心付いたときは曾祖母、祖母、両親、兄弟四人、嫁いでいない叔母の総勢十人家族であった。さらに、住み込みで若い男の人と女の人の二人がいた。住み込みの人の年齢は、自分が子供だったので幾つぐらいの年齢だったのかはっきり覚えていないが、たぶん二十歳未満かその前後だったのではないかと思われる。私の兄弟の中に働き手として一人前の年齢に達していた子はいなかった。当時は、家庭によって中学を卒業後高校への進学をせず、中学を卒業すると働き手になっていたようである。しかし、企業産業がない地域のため、働き場がなくわが家のような農業で働き手が少ない家に住み込みでいたようであった。住み込みの理由は車も無い、免許も無い、バス路線も少ないと通勤手段が困難な地域では通うことが困難だったのであろうし、住み込みが最も適当であったのではないかと思われる。この二人が加わると総人数は十二人いたことになる。

私の生家は山形県の庄内平野を見渡す農村地帯で、家内も農家だった。小学生のころ、田植えや稲刈りなどの農繁期になると家族のなかでも大人は全員働きに行き、人手不足は近所や隣村から数人の手伝いを頼んでいたように記憶する。子供だった私の仕事はお茶の時間になると茶菓子と茶を田んぼまで運んでいく役であったことを覚えている。私はこの役割が大好きであった。なぜなら、男と女の入り混じった大人たちが苗の入った駕篭を腰に持ち、横一直線に田に入りいっせいに進む光景がとても好きだったのである。さらに、子どもの私にとってとても良いこともあった。休憩でみんなが田から上がってくると、茶と茶菓子で話がはずみ、若い男性は一般のタバコであったが、年寄りの男性はキセルで刻みタバコを吸い、口から美味しそうに青い空に向かって煙を出していた。そして、私にも茶菓子をくれるのである。タバコは健康上良くないし、本人のみでなく受動喫煙として他人の健康にも害を及ぶすといわれている現在であるが、当時の喫煙していた年寄りには、生きがいと楽しみのため無くてはならない要素があったように思える。この風景は大変のどかなもので、現在でも明確に脳裏に残っていることである。

しかし、田植えの体位は、腰に重い苗をもち中腰の同じ姿勢のまま、二十代三十代四十代五十代、ときに六十代の人たちが一日中働くのだから、五十代という年齢なのに膝と腰が軽く曲がり、頭を前に出し肘をも軽く曲がり両腕を後方に歩く、腰のまがる初期の老人の特徴的な姿勢で歩く隣のおじさんを見て、子ども心に〝おじさん年とってる〟と思ったのも当然かもしれない。父の腰が痛いということを聞いたことは無かったが、母は四十代から腰痛と戦っていた。

思えば田植えだけではなく、稲刈りや畑仕事もすべて農作業の姿勢は身体的負担の大きい仕事である。現代では三月の田おこしから始まり秋の収穫までのプロセスは機械化され、身体的には負担が少なくなり、田植え後の新緑一面の田や黄金色の稲穂一面の田の美しさは変わりない。その反面、昔のような農家の人びとが田の周りでお茶をする、いっせいに田植えや稲刈りをしているのどかな風情は見られなくなっている。父は米一俵の値が決まるとき、「米作りは政府と商売をしていることだ」という人であった。

私が十三歳頃になると叔母が嫁ぎ、曾祖母が亡くなり、家族は祖母と両親と兄弟の七人と少しずつ減っていった。農業と家事の経営の中心は父によって回っていた。冠婚葬祭についてはっきりとした記憶を当時は持っていなかった。家のしきたりやさまざまな年中行事が行われていることを意識するようになったのは、中学生から高校生にかけてであった。思い起こすと村で行われる冠婚葬祭やそのほかのさまざまな年中行事のなかで、老人の活躍が眼に焼きついている。

老人という言葉を使ったが、老人という線引きはどこからするのだろうか。誰もが認める老人像は年齢や加齢によって起こる白髪、腰の曲がり、顔のしわといった身体的な外観からの尺度である。さらに、仕事の定年などといった役割の変化などもある。しかし、子供だった頃、近所の老人は日常的に「年寄り」という言葉で呼ばれていたように思う。年寄りという呼び名を辞書で引くと「江戸時代、町村で住民の長であった役名で、組頭・町年寄り・村年寄り」と書いてある。この時代は社会の中で重要な地位にあった様子が伺える。近年のように社会から疎外されたというイメージはまったくなく、むしろ、翁的な存在であったのだろうか。村で活躍していた近所の老人はこの〝村年寄り〟にあたるともいえる。

2　農家の隠居と老いの準備

村の冠婚葬祭やさまざまな年中行事で活躍していた年寄りは、家の中でどのような立場にいるかというと、家長制度が根強く残っていた地域であることから、同居している跡継ぎの長男夫婦に財産を譲り、隠居生活を送っている人である。一般的には財産の委譲は権利を持っている人が亡くなってから譲り受けるものであるが、私が育った農村地では生前に委譲するしきたりであった。日本において隠居という制度は、戦後の民法の改正によって法律上の制度としてはもうすでにないものであるが、私の生家での地域では事実上、現在でも存続していることである。青年期、壮年期を農業とその経営に働いてきた父は、青年期を父とともに農業を行ってきた兄が結婚し壮年期に入ると、自分の今まで持っていた家長としての地位と財産を兄に譲った。地位と家産を継承した兄が家の家長となり、家族内でのさまざまなことは兄によって行われ、父は隠居の身になり晩年を過ごした。隠居の生活に入った老人が〝年寄り〟と呼ばれ、村のさまざまな行事のアドバイザーの役割である。ある年齢になると隠居生活を送るということではなく、それぞれの家庭内で判断するため、年齢は若い年寄りもいれば年齢の高い年寄りなどさまざまである。

〝年寄り〟と呼ばれるのは男性だけではなく、女性も同じである。財産の継承は権利として受けることになるが、実際の采配は長男によって行われ、嫁は姑によってその家の風習やしきたりを教え込まれる立場にいる。一月のお正月から始まり、三月の節句、五月節句、春の彼岸、秋の彼岸、お盆という年中行事のたびに祖母や母の役割があり没頭する。自分の果たす役割を持っていると高齢者であっても、その役割を果たそうと実行することがわかる。

介護の対象はさまざまな人生の中で役割に没頭し、それを生きがいとしてきた人もいる。このような人たちが他者からの介護を受けるようになったとき、介護者は高齢者の人生をどのように受け取るべきか。

Ⅲ　高齢者の人生を把握する

1　頭の中にある老人イメージ

老人に対するイメージに対し次のようなテストがある。一般的なイメージはマイナス部分が多いが、このテスト内容の×、○を見ると決してマイナス面だけではないことを知ることができる。

1　老人に関する知識テスト

以下の1～10の設問に対し、正しいと考えられるものに○を、違うのではないかと思われるものに×をつけて下さい。

1　大多数の人は、記憶力が落ちボケたりする。（×）
2　老人になると、耳や目などいわゆる五感がすべて衰えがちである。（○）
3　ほとんどの老人は、セックスに対する興味も能力も持っていない。（×）
4　ほとんどの老人は、若い人ほど効率よく働けない。（○）

5　およそ八割の老人は健康で、普通の生活を送るのに差し支えない状態だ。（○）
6　ほとんどの老人は自分の型にはまってしまい、なかなかそれを変えられない。（×）
7　大多数の老人にとって新しいことを学ぶということはほとんど不可能である。（×）
8　ほとんどの老人は若い人よりも反応時間が長くなる。（○）
9　老人は年をとるにつれて信心深くなるものだ。（×）
10　大体老人というものはみな似たようなものだ。（×）

荊木裕著『老いを生きるヒント』　一二三頁より

高齢者あるいは障害を持っている人の支援をするとき、介護について専門職として介護観としたものを持っているべきである。介護の定義をどんなときに使うのだろうか、という疑問をもつかもしれない。「介護とは何か」を自分の中に持っていても定義は　介護技術と違い、哲学であり、他者からは見えるものではない。しかし、介護者が一人ひとりの要介護者へ行う介護を判断するときの基盤になり、そこから専門職業人としての介護観も作られる。仕事時の介護行為一つひとつに介護の哲学は反映されているものであると考える。

介護を必要とする利用者は在宅、施設で生活している。介護者は在宅の要介護者には二十四時間の生活の一部を一人で関わることになるし、施設では集団および個人の要介護者に、二十四時間生活のすべてに複数の介護職員で関わる。

観察はさまざまな場面で行うがどのような方法で行うのか。「何が原因かはわからないがいつもより顔色が悪い」とパッと自分の目に飛び込んでくる直感が働くようなことがある。理屈は関係ない。このような介護者個人が持っている直感力に優れている人もいる。直感力はその場に出会ったそのときだけの効力しかないといってよい。そうなると専門職としての観察能力は、それだけで介護の必要な人の生きがいやこだわりまで観察できるとは思えない。

介護者は出来事をばらばらに見ているのではなく、それが何を意味しているのか、あるいはいくつかの他の出来事との関連性が潜んでいないか、情報と情報の関連性のある観察力が求められる。一人ひとりがどのような人生を送ってきたのか、どのような価値観を持ち、こだわりがあるのかを把握することは非常に重要なことである。

いずれにしても、いつでも観察するという習慣を身につけるために介護者が行わなければならないことは、加齢によって起こる老化現象やひとの暮らしを見つめ、自分の頭のなかにいれておくことに尽きる。

2　介護を必要とする人への専門職としての観察

「在宅あるいは施設で、介護の必要な高齢者を自分の目の前にしたとき、あなたは何を観察しますか」と問われたらどのように答えるか。身体状況の観察は容易にできる。「麻痺がないか、痴呆がないか、嚥下障害はないか、など病気から起こってくる身体状況やそれによって日常生活動作にどのような影響を及ぼしているのか、例えば、トランス、食事、睡眠、排泄、入浴などを観察する」と回答しやすい。しかし、身体状況の観察は当然であるが、身体状況は、介護を必要な人と会話がなくても視力を通して見たままのことを観察することができ、観察できるとその観察量が多いとそれだけで満足してしまいそうである。しかし、高齢者で介護の必要な人は、目の前にいる年齢で介護を必要になったが、それ以前の人生があったことを忘れてはならない。特にそのことが最も介護者の自身の介護に関する哲学に影響するのではないかと思われる。よって、現在だけの状況をみてその人を観察できているとは言えない。

身体状況の外見だけを観察するのは、目の前のあるがままの存在としてみているに過ぎず、高齢者の歩んできた個別的な人生経験を把握した上で、その人らしさといわれる個別性というものの観察ができてはじめて観察できたといえる。老いをどのように準備し、死をどのように考え、どのようなことを生活の張りとして持っているかなどといった、人生あるいは生き方についての観察が重要である。

わたしたちは老いとは無関係な気持ちでいる。だから、老いの準備や死についてあるいは自分が何のために生きてきたのか、今まで生きてきた過去の意味や価値は何かとか、生きがいは何かなど、哲学的なことを日々考えながら過ごしている人は少ない。仕事や家事で毎日追われ自分自身を失いそうになると「ふと考えること」がある程度である。日々の生活の中で自分の役割がはっきりある、あるいは忙しくそのようなことを考えているゆとりがないというひとは無意識にそのことが生きがいとなっているということもある。つまり、生きがいとは自分でなければならない役割と責任があり、それによって生きる張り合いがもて、その結果、生きていてよかったと思えることである。

在宅あるいは施設で介護が必要になった高齢者は生きがいを持っていないのだろうか。生きがいという前向きな姿勢より老人としての僻みなどがあるのだろうか。高齢者の性格の特徴を荊木氏は次のように書いている。

高齢者の性格の特徴1～12

1　不安感、特に健康と経済に対するもの
2　生活が意のままにならない不安感、心配、罪悪感
3　もの足りなさ、孤独感、寂しさ
4　外に対する興味が薄れ、内向的になる。身体感覚と快楽に対する興味の比重が大きくなる
5　疑い深くなる
6　動的な行為、現象に興味が薄れ、静的な状態に惹かれる
7　性活動の減退、ただし男性は時に性的興味が増大
8　保守性
9　条件の変化に対する適応能力の減退
10　過去については多弁、饒舌
11　貯蓄癖、（一見つまらぬ）物集め
12　過去に生きる傾向

荊木裕著『老いを生きるヒント』一〇六～一〇七頁より

荊木氏は「『高齢者の性格の特徴1～12』には老年期の認知症が含まれているため、正常な高齢者すべてに当てはまるとするには若干の無理がある」と説明しているが、高齢者の中にも自分の残されている人生はこう

ありたいと思っていた人は多い。介護を受けなければならない状況になったとき、それらの気持ちは失せてしまうとも言える。例えば、施設への入所によって、利用者が施設での生活に慣れるには相当の努力が必要である。新しい生活の場となる自分の部屋に慣れ、職員や入所者同士の名前や顔も覚えなければならない。

さらに、日課として行われていることや週課として行われていることなども含めると相当な量になる。「このくらいできる人だったら入所なんかしない」と言われそうであるが、ここで言いたいのは、認知症があってもそうでなくても人や物への環境に適応しなければならない苦労は同じである。介護を行う人がそれを認識しているか、生きがいは自分がいるこのような環境を認識できて初めて持てるとも言える。そのために、介護職は入所している利用者がすべての環境に慣れるように、気持ちを尋ねるあるいはさまざまなチャンスを作る役割がある。

3　高齢者は趣味や特技をもっている

どのような趣味や特技を持っているか本人あるいは家族からの情報を得る。それが生きがいとなっているのかどうかはわからない。生きがいは他者によって測定できるものではないし、今までに行ったこともない新しい試みが能力を発揮するということもある。例えば、認知症状が徐々に現れるアルツハイマー病をもつ人がそれまでに描いたこともなかった油絵を通し、新しい能力を発揮したという例もある。

施設では陶芸、絵画、音楽、書道、家庭菜園、風船バレーなどさまざまなアクティブティを企画し、職員やボランティアによる指導で実施している。〝いい年をしてこんなことできるか〟と言う利用者もいるが、アクティブティは人が持つ遊び心をくすぐり、自分から何かをやろうという自発性を発揮する動機付けになるともいえる。介護者は、利用者が活動を諦めることなく新しい部分に適応し、生活の張りや生きがいをもたらすよう支援する役割があるのかもしれない。

また、役割が発揮できる場の提供も重要である。施設内で行われるさまざまな行事や催し物は、例えば、お彼岸、お正月、盆踊り、亡くなった方の弔いなど、日本の文化を継承していくことや各個人が入所までに行ってきた行事への尊重の意味も含まれている。これらの行事に参加しているか、不参加かはその人の価値観の現われともいえ、参加している場合は利用者さん同士の人間関係を深めることのできる場のひとつである。

若い世代と違い、高齢者は限られた時間の中で新たな創造やチャレンジを行うことは困難であると言われるが、自分のしたいことを見つけ出すことがＱＯＬにも繋がる大切なことである。高齢になると身体的老化だけではなく、付随して脳の老化による高齢者の中には、若いときの夢を実現しようと八十歳代で大学に入学する人や語学の勉強を始めようとする人もいる。また、生涯学習として、社会の一線から退いた人が再び大学院などで勉強する人も増えている。このような人でも加齢により視力の低下や老人性の難聴で苦労も多いなかで努力・忍耐・根性そして何よりも楽しんでいる姿がある。さまざまなしがらみから開放され、遊び心もあるのではないかと思うくらいである。

〝老いて学ぶ〟ということばがあるが、地域で生活している高齢者だけではなく、施設入所している高齢者の中でも、残された人生を自分だけのために時間を使うことができる特権を持っている。利用者のできなくなった能力ではなく残っている能力に眼を向け、その特権を利用して向上心や夢、未来設計、学習などの要望を聞く機会を介護者は作る努力が必要がある。

記憶力や集中力や注意力が衰え忍耐力なども低下するといわれている。このような低下が高齢者の行動を制限し、さらには意欲にまで響くことを知っておく必要もある。

4　安らぎの場と自己決定のある施設である

厚生労働省は新しく設置する特別老人ホームは一人部屋であること省令とした。現実には多くが四人部屋、二人部屋で、そのことを批判する気持ちは無い。入所した利用者の中には共同生活は初めてという人も多くいる。共同生活の経験がない人にとって、見知らぬ他人との共同生活は他人に気を使わなければない、同室者やそのほかの入所者との関係も作らなければならないなど戸惑いと不安がいっぱいである。さらに職員との人間関係も加わると生活の場でありながら、拘束される感じやストレスであることは想像できる。共同生活であることから職員からすると人の命をあずかっていることになるので、管理や規制を利用者に行わなければならないという責任もある。その中で、利用者個人が安らげる場や時間の確保をしているかという観察も必要である。

安らぎの場や時間があるということと、人との関係を避け部屋に閉じこもることは異なる。利用者が集まるホールで、テレビを見るわけでもなく椅子に座り、周りから聞こえるさまざまな雑音がその人には安心できる場であればそれでも良いのではないだろうか。

加齢によって感覚器、中でも聴覚や視覚は低下する。しかし、人間関係を作るときや社会のさまざまな情報を収集するためには必要不可欠な機能である。私たちは人との話し合いで、相手の視線や表情、身振り手振りの動作などを観察しながら関わり把握している。その方法は必ずしも会話だけではなく、電話・手紙・メールのような手段を活用した関わりもある。利用者がどのような手段で他者との関わりが有効であるかを支援ことも介護職には必要なことである。

福祉国家として知られるデンマークでは、高齢者福祉三原則として「継続性の維持」「残存能力の維持」「自己決定」を挙げている。わが国でも福祉だけではなく医療において自己決定が叫ばれるようになって来た。利用者が自分の意思を言語だけではなく他の手段を用いても伝達できているかを把握することは大切である。自分の意思をどのような方法で伝え（ことば・表情・しぐさ・動作・筆記）、日常生活の買い物・着るもの・嗜好品は自分で決めているかといった日常生活が重要である。

おわりに

介護においてその人がそれまでに獲得してきた生活について、生き方や価値観を把握しての行うことは非常にエネルギーの要る職業である。それを可能にするために介護職に必要なことは、人と関わることが好きであることに尽きるように思える。専門職として必要な知識や技術を持つことはそれ以前のベースである。

【参考文献】

荊木裕著『老いを生きるヒント—超高齢社会の医療と介護』平凡社新書、二〇〇一年。
河合隼雄『老いのみち』読売新聞社、一九九八年。
奥山正司・浅野仁監修『老いを生きる第一巻』思索社、一九八八年。

さまざまな高齢者の姿

是枝　祥子

はじめに

介護という仕事で、たくさんの高齢者にかかわってきました。私の仕事は、何らかの理由で自分では生活ができない人たちを援助するというものですが、適切に援助ができたというより、かかわった高齢者からどのように援助すれば良いのかということを多く学ばさせていただき、振り返ってみると感謝してもしきれないくらいです。老いるということは、経験したことのない道を歩んでいくことです。だれもが平等に老いるのですが、その生き方は千差万別です。その一部をここに記すことで私がかかわった高齢者の方々に感謝の意を少しでも表したいことと、現実に生きている高齢者の姿から、高齢者を理解する機会になるとよいと思います。

Ⅰ　施設で出会った高齢者たち

1　元職人の腕前

(1) プロフィール

新井和夫さん（仮名・七十七歳男性）、妻が亡くなってから一人暮らしをしていましたが、脳梗塞で入院後、認知症の症状が見られるようになってきました。子どもは長男と長女、次女の三人。近所に住む長男の妻が毎日訪問し世話をしていましたが、物忘れや失禁が多くなり、一人での生活が困難になり施設入所になりました。脳梗塞で倒れるまで、経師屋を営んでいました。職人気質で几帳面な性格です。タバコが大好き。家族関係は良く、子どもたちは隔週ごとに交代で面会に来ます。毎日子どもたちに電話をしますが、電話番号を間違えてなかなか子どもに通じない。それどころか、自分の記憶の電話番号にかけるので、相手からは「何度も何度もいいかげんにしろ」といわれることも多々あります。子どもの電話番号を紙に書いて渡しても、その紙を失くしてしまう。電話の横に子どもの電話番号を書いた物を下げておくが、手が記憶のなかの番号へと自然に動いてしまう。電話のそばにいるのを見かけたときは、子どもの電話番号を読み上げるようにして援助しました。

ＡＤＬは、食事・歩行・着脱・電話・コミュニケーションは自立、排泄・入浴は一部介助。食事時間や入浴時などはその都度声をかける。認知症中度。

（2）施設入所時

集団生活に戸惑いを感じながらも、徐々に同室者（四人）と会話を交わしますが、なかなか会話が返ってこなく黙っていることが多いのです。ベッドで横になっていると職員がアクティビィティ（趣味や好きなことを行う）に誘いにきて、「何か好きなことをしてみませんか」というので行きます。その部屋は居室三部屋くらいで、それぞれが好きなことを好きな時間に行っています。

新井さんは、元経師（書画や屏風・襖などの表装をする仕事）で、現役時代は京都まで行き、襖や巻物の裏打ちをしていたそうですから、貼ることは得意なので、職員はその腕を活かしてできることはないかと思案し、箱に和紙を貼る和紙工芸を提案しました。小さなたんすのようなもので小引出しがいくつもあるもの、最初は乗り気ではありませんでしたが、勧められるままましていくとなかなかのできばえで、周りの人たちにほめられ、次つぎと作品に取り組みました。徐々にかつての勘も戻り、難しい作品にも取りくむようになります。時間はたくさんあるので、朝食が終わるとアクティビィティ室にいき、一日の大半をそこで過ごします。時々、好きなタバコを喫煙所で楽しみます。

（3）アクティビィティとは

施設でのアクティビィティは、好きな時間に自由に活動ができるように部屋を開放しています。担当職員がいて、利用者のニーズに合った援助を展開しています。

朝八時半をまわると、利用者たちが身支度を整えて集まってきます。担当職員よりも早く来て、自分の作品にとりかかっている利用者もいます。作業場兼憩いの場として活用している人もいれば、部屋の人間関係がギクシャクして避難してくる人、お茶を飲みにくる人、利用者が作品を作っているところを見学にくる人、新聞を読みにくる人、ゲームをする人、将棋や囲碁をしにくる人など、利用の仕方もさまざまです。

一日平均利用者数は二十五～三十名前後で、思い思いの自分自身に合った手仕事に精を出しながら世間話などをして、ちょっとした社交場となっています。一日の大半をアクティビティ室で過ごす人や日曜日・休日も来る人、大勢だと気持ちが落ち着つかない人、人前は苦手という人は、手仕事を自室に持ち帰るなどさまざまです。

個人のペースで、趣味として余暇を楽しんでもらいたいと思って始めたのですが、遊び心を楽しむというより、明治・大正・昭和初期に生きてきた利用者には、勤労奉仕の精神が生き続けており、いったん手仕事にとりかかると粘り強く途中で投げ出さないパワーが感じられます。

（４）作品に挑戦

話をしながら作品に取り組みます。会話も昔のことが多く、それぞれの歩んできた人生を垣間見ることができます。職員は、それぞれの利用者の輝かしい過去が話せるように、その人の背景を把握して、会話が行き交うよう配慮します。作品も世界で一つという捉え方で、手近にあるものを活用するというより、作品としての価値がより高まるような材料を提供します。でき上がったときの喜びやできばえを考慮しての材料選びをします。認知症高齢者だからということではなく、作品に取り組む一人の人間として、材料の良し悪しや、できばえなどを、その人の背景から、かつて行ってきたことを最大限に表現できるようにしていくと、次の作品への取り組みに意欲が出てくることもわかりました。

間に合わせの材料を使うのではなく、材料選びから利用者を参加してもらい、作品への思いなどを共有して、できあがるまでのプロセスを意義あるものにしていきます。「トイレに行きましょうか」「食事ですから食堂に行きましょうか」「暑いから服を一枚脱ぎましょうか」などの声かけは、その都度状況に合わせて行いますが、作品の進行に関しては自分でできます。仕上がった作品は施設内に展示しますが、年に一回施設外の場所を借りて作品展を開催し市民の方々にも見ていただきます。そのことが更に励みとなって、次の作品への原動力になります。

(5) 職人の勘所

新井さんは、和紙を貼る糊の固さや水加減などはとても微妙ですが自分で行います。ある時、いつもより糊の固さがゆるめなので、職員は、認知症の症状があるため忘れてしまったのではないかと思い「糊の固さはこれでいいんでしょうか」と聞きました。「糊の固さは、その日の天気や湿度によって違うし貼るものによっても違う、理屈じゃないんだよ、職人の勘というところかな、そこが難しいところでもあり、やりがいでもあるんだな」と真顔で言うのです。こんな時の新井さんの顔は、いつものおどおどした顔と違って引き締まって満足そうで、ゆとりさえ感じます。職人として仕事をしていた頃に戻っているようです。

また、ある時は、和紙に糊をつけたままタバコを吸いに行ってしまいました。職員はすぐに呼びに行き、「どうして糊をつけたままにするの？　早くしないと乾いてしまいますよ」すると、新井さんは「なにを言ってるの、忘れたわけじゃないよ。これでいいんだよ、糊をつけた後は紙が伸び縮みするから、紙の自由にさせておくの。横に伸びたい、縦に伸びたい、斜めにのびたい、紙によってそれぞれ個性があるんだ。だから思う存分好きにさせてから、今度は見計らってこちらの好きにするんだよ。何でも人間の自由になると思ったら間違いだよ。紙には紙の命があるんだ、それを大事にしないと、善い仕事はできないね。無理やりこちらの思い通りにするなんて、それはいけないことなんだ。そこの折り合いをつけることが職人の技なんだ。人間もそうだろう」と。

認知症高齢者と言うけれど、このときばかりはなんと味わいのあることを言うのだろうかと、尊敬のまなざしで頷くばかりでした。職人の誇りは新井さんの中で脈々と流れ続けているのでしょう。体で習得した貴重な経験は、どんなにことがあっても決して忘れてしまうものではなく、いつまでも持ち続け、痴呆になっても生きる柱として存在しているのではないかと思いました。

2　私は人間じゃないわ

（1）プロフィール

小川君子（仮名・九十二歳女性）さんは、未婚で一人暮らしをしていました。近所に姪がおり、手伝ってくれていたので生活ができていましたが、認知症の症状が進み一人暮らしが無理になり施設入所になりました。若い頃は女性運動に情熱を傾けていました。女性に選挙権がない頃に参政権を得るための活動を、働きながらしていました。その頃の女性としては、結婚をしないで自活していた人は多くない時代でした。小川さんの性格は温厚で、どこに運動をする力があるのかと思うくらいです。話し方もやさしく、本を読んでいる姿はとても美しく見えました。女学校を出ていて、書道や生け花も師範クラスの腕前です。

ＡＤＬは、食事・着脱・コミュニケーションは自立、歩行は屋内は自立・屋外は介助、排泄はトイレ誘導、入浴は一部介助が必要です。まだら痴呆で過去のことは良くわかっているが、短期記憶は認知できない。声をかければ行動できるが一行動に一言づつていねいに、理解したかどうかを確かめながら声をかける。それでも、「口の利き方を知らない若い人が多いのね」ということもありました。

着替えなどは自分でするのですが、季節に合わない洋服を重ね着したり、冬に夏物をきたりする。そして、ロッカーの中の衣類を出したり入れたり繰り返し繰り返ししています。朝なども、パジャマから洋服への着替えは、まずパジャマを脱ぎ置いてある洋服に着替え、パジャマを丁寧にたたむ、次にたたんだパジャマを着替えた洋服の上に着る。またパジャマを脱いでたたむことを繰り返し行う。朝食の呼びかけをしても耳を貸しません。かなりの時間をかけチグハグな着方をして、眉を引いてでてきます。それでも着替えは自分で気に入るまで続け、マイペースで時間が過ぎていきます。

（2）日常の過ごし方

表面的には着ているものがチグハグなのですが、書道や俳句も上手で、衣類の出し入れをしていないときは読書をしていることが多く、なんとなく近寄りがたい感じがしています。同室者ともあまり話もせず一人で過ごしています。在宅でも一人で過ごしていたので、一人でいることが好きなようです。他の利用者と一緒にゲームなどをすることは好まないようで、居室でお菓子を食べながら小説を読むのが好きなようです。

若い頃、読んだ小説の話や作家の話などを職員にも話してくれます。外国の小説もたくさん読んでいて話題は豊富です。むしろ、職員の方が小川さんの話題についていくのが大変です。聞いていると、私たちが歴史で学んだことを小川さんご自身が体験しているので、聞いているだけで多くのことを学ぶことができます。話し方も上手で、イメージがわいてきます。小川さん自身が体験したことは教科書よりわかりやすく、自然に納得できます。高齢者が亡くなるということは図書館がなくなると同じだということを聞きますが、まさに知恵の宝庫であることを実感しました。現実の生活の仕方はスムーズにいきませんが、知恵や体験はすばらしい知的財産といってよいと思います。

昔読んだ小説は鮮明に覚えているのに、今読んでいる小説の事を聞いても確かな答えは返ってこないところに寂しさを感じますが、読んでいるそのときは充実しているようです。

(3) 選挙は大切な人間の務めなの

選挙は施設に入所している人たちが投票所に行くことは難しいため、施設の中に臨時の投票所を設置して、普通の選挙と同様に行います。

ある選挙のときのことです。小川さんが活動していたころの政党は、時代の流れとともに変わり、小川さんが思っている政党とは名称が変わってしまい、そのことを説明しても理解することはできません。投票用紙を目の前に置き、ボールペンを持ちながら、選挙公報を見ています。端から端、何度もページを開いては眺めています。小川さんは候補者を探しているのではなく、自分が思っている政党名を探しているようでした。時間がかなりかかってもまだ投票する人は決まらないばかりか、焦りを感じているように見えたので、「どうかしましたか、よろしければ代理をさせていただきますが」と問うと、険しい顔になり下を向いて両手をぎゅっと握り締めています。余計なことを言ってしまったと思いながら、小川さんがかつて参政権の運動をしていたことを思い出しました。プライドを傷つけてしまったのではないかと後悔しながら、どのような言葉をかければよいのかと思案して顔を見ていました。

するとと急に涙が頬を伝わって流れてきました。「どうなさいましたか」「私もう人間じゃなくなってしまいました」「えっ、どうしてですか」「だって、選挙は私たちの考えを託す人を選ぶのであって、私たちの生活を守ってくれるのよ、その大切な人を選ぶことができなくなってしまったんですもの。選挙があるから自分の意思を政治に活かせるのよ、以前は女性の選挙権がなくてくやしい思いをしたの。それなのに今は、だれを選んでよいのかその判断ができなくなったんですもの。人間だから行使できる権利なのよ、人間にとって選挙は大切な務めなのよ。くやしいわ、これからどうやって生きていけばいいのかしら」余りにも悔しそうなその姿に、安易な慰めの言葉はかけられず、小川さんの手を握りました。小川さんもぎゅっと力を入れ、悔しさやもどかしさが伝わってきました。やがて気持ちの整理ができたのでしょうか「今回の選挙は、棄権させていただきます」と凛とした姿勢できっぱりといいました。

私たちだって政党の名前が変わってしまい戸惑ってしまうのですから、高齢者にとっては、やむを得ないことではないかと思いますが、小川さんにとってなによりも重大なことで、そのことを理解できない自分自身の生きている価値までが揺れ動いてしまったのです。

(4) 生きてきた重さ

最近の選挙の投票率を見ていると、これでいいのだろうかと考えさせられることばかりです。人生の先輩たちが、自分の命を懸けて戦い勝ち取った結果、今という平和な社会になったのです。小川さんのなんともいえない悔しい気持ちを目の当たりにすると、選挙に対する自分の行動を見直す契機になりました。当たり前と思って過ごしている小さな事柄も、このように人生の先輩たちの汗の結晶が身近にあることを肝に銘じて過ごしたいと思いました。どうしても介護の対象である高齢者に対して、目の前の援助の対象者という見方をしてしまい、若い頃の活躍していたときをないがしろにしてしまいがちです。だれでも輝いて活躍していたときがあることを忘れてはいけないことを学ばせていただきました。

3 人は徘徊というけれど

(1) プロフィール

佐藤ヨシさん(仮名・八十三歳女性)は、自営業を営んでいましたが、夫が他界してからは次女家族と同居していました。次女は働いていたので孫の世話を引き受けていました。孫たちが成長してからは、近所の福祉センターでお風呂、カラオケ、踊りなどで楽しんでいました。そのうち人の名前や時間がわからなくなりました。家では財布を置き忘れ、「この家には泥棒がいる」などといい家族とトラブルになりました。そのトラブルが原因で、次女宅を出てアパートで一人暮らしをしていました。そこでは火の始末が危険とのことで火を使わない生活をしていました。

朝起きると、近くの駅(十五分)まで歩いていきタバコを吸い、その足で娘宅まで徒歩三十分くらいで行きます。娘は仕事で家にはいません。日曜祭日は仕事が休みなので顔を合わせますが、家には入りません。次に福祉センターへ行き一日の大半を過ごしていました。帰りは徒歩三十分くらいで家に着きます。家に着く前に市役所や近所で食事をします。一日に歩く時間はかなりあり、歩く速度も速く足腰は丈夫です。佐藤さんは、歩くことが健康によいと信じています。

（2）在宅の限界

毎日同じような日々を過ごしていましたが、「痴呆が進んで一人暮らしは無理と思うが、家に引き取ることはできない」という娘からの相談を受け、施設入所の申請がされました。本人は、「娘がそうしろというのならいいよ」と、自分では自分のことを考えられない状態です。しばらくは、そのまま在宅で過ごすが、以前のように娘宅や福祉センターに行っても帰りがわからなくなってうろうろすることが度重なるようになりました。自分の部屋もわからなくなり、近隣から娘に苦情がいくようになりました。アパートの周りをぐるぐる歩いている姿を見て近所の人たちは異様に感じていたようです。自分のアパートがわからないのですから、本人にとってはさぞ真剣な顔だったのでしょうが、他者から見るとかなり違うように見えたのでしょう。近所の人の声かけにより、アパートの部屋に戻るのですが、度重なると次女のところに連絡が頻繁に行くようになり、次女も仕事をしているため困惑状態になりました。佐藤さんは、歩かないと健康によくないと思っているのですから毎日外に出る。外に出ると戻れなくなってしまう。毎日外を歩いているのですから、顔は日焼けし黒光りして、足腰は鍛えているのでかなりの健脚です。前方を見据え使い込んだ袋を持って歩く姿は、確かに異様に映るのもわかる気がします。

(3) 徘徊の始まり

佐藤さんは、気ままな生活から規則のある生活、それも室内で過ごすのですから、相当苦痛を感じていたと思います。初日は緊張して疲れていたのでしょう、夜間はぐっすり眠っていました。職員は施設の生活に慣れて欲しいと、こまめに声をかけます。その度に「いちいちうるさいな、好きにさせてよ」と答えが返ってきました。同室者や他の利用者とは話もせずマイペースに過ごしていました。

二日目の日中は、レクリエーションがあり、他の利用者と食堂で楽器の演奏に参加し楽しんでいるように思われました。夜間も前日同様に寝てくれるかなと思いながら援助すると、子どものころの話をしてくれました。両親にかわいがられて育ってきたようでした。自営業の夫と結婚し、三人の子どもに恵まれました。夫とともに遠方の漁船で、船員さんたちの食事を作る仕事をしたこともあるようでした。生き生きと話をしてくれる横顔を見ていると、佐藤さんの生きてきたなかで一番印象に残っていることなのでしょう。今後はこの話題を活用していくといいなと思いながら聞いていました。

夜間は巡回しながら、利用者の様子を観察します。佐藤さんもよく寝ていましたので安心していました。朝五時頃から起床介助を始めていたら、電話がけたたましく鳴り響きました。利用者が起きてはいけないと駆け足で行くと、佐藤さんの娘さんからでした。「どうなっているのでしょうか、母が家にきたのですが、きちんと見てもらわないと困ります」そういわれても、こちらのほうがどうなっているのかすぐには理解ができません。つい先ほど部屋で寝ていたのにと思いながら「すみません、すぐに迎えに行きます」といったものの、朝は猫の手を借りたいほどの忙しさ、とても迎えに行くことなどできない状態です。他のフロアも同様です。近くに住んでいる職員に連絡をして迎えにいってもらいました。家族は無責任だと怒っていたようでした。そういわれても、きちんと巡回をしていたのに、これからもあることを予測して、緊急にカンファレンスを開き、どう対応するかを話し合いました。この日から、佐藤さんの徘徊に振り回される日々が続きました。

（4）来る日も来る日も徘徊

時間に関係なく出て行ってしまうため、職員は佐藤さんの所在確認とその日の着ているものを白板に書いておきます。どこから出て行くのかわからないため、出入り口の鍵をかけることを徹底しましたが、どんな鍵でも開けてしまいます。出入り口に重たいものを積んでふさいだり、二重に鍵をかけたり、いろいろ工夫をしましたが、どれも簡単に破られてしまいます。職員は、佐藤さんが出ないようにと監視する感じですから、佐藤さんだって何かを感じ取って、職員の目を避けようと職員の動きを見ています。職員が忙しく動き回っていたり、会議や申し送りで職員が集まりフロアが手薄になるときは、出て行くチャンスのようです。

毎日時間を問わず出て行く佐藤さんの安全を守ることはかなり大変なことで、何度も職員間でカンファレンスを開いて話し合うのですが、よい方法は見つかりません。佐藤さんの徘徊に付き添う方法で対応しましたが、突然始まるのですから、目を離すことはできません。限られた人数で行うのですから、他の利用者への援助にも影響してしまいます。それでも何とか対応しないといけないのですから、職員はいろいろ工夫を重ねては失敗の連続にへとへとです。

出て行こうとする佐藤さんを見つけ、すぐに職員はその後をついていくのですが、どのくらい時間を要するかは予測できません。その日の出勤者のうち一人はとられてしまうのですから、残った職員で切り回ししていきます。職員数にゆとりがあるわけではないので、残された職員はてんてこ舞いです。

佐藤さんは思いのまま歩いていくのですが、信号を無視して運転者から怒鳴られたり、きれいに手入れした花壇の花をむしりとったり、突然車道で用を足したりと予測できないことも多く、付き添う職員は緊張感でいっぱいです。行きかう人も異様な視線を浴びせてきます。仕事としての意識は持っていますが、ときには気持ちが萎えてしまいます。

そうはいっても毎日何度となく出て行く佐藤さんに対応しなければなりません。佐藤さんの気持ちを第一に考え、援助していくのが介護であろうとの考えで、毎日担当を決めて危険がないように援助していくことにしました。夏はぎらぎらした太陽をさえぎるために防止や日傘、汗拭き、冬は風邪を引かないように上着と手袋、雨の日は傘とコート、電話代、交通費の小銭、ちり紙をすぐ持っていけるように準備しておきました。

（5）仕事とはいえ

今日は佐藤さんの担当だなと思うだけで、胃がきりきり痛みを感じます。朝職場に着くとすでに出ようとしている佐藤さんに出会います。着替えてからと思い、「一緒に行きますから着替えるまで待ってもらえる？」「うるさいな、このどろぼうめが」と言いながら、手で払いのけようとしてつばをかける。手を払おうとするとげんこつが返ってきます。ムラムラと怒りが爆発しそうになるのをぐっとこらえ、「散歩に行きましょうか」と笑顔で答え、一日の徘徊が始まります。

散歩中も気を抜くことはできません。工事現場などを通り、機材につまづかないようにと下を向いたとたん、鉄の棒でドーンと頭を衝かれ、クラクラッと気を失いかける。佐藤さんを見失ったら大変と我に返るが、冷や汗がどっとでる。手をつないでいると突然腕をかんだり、引っかいてミミズバレになったり、たたかれたりつねられたりしてアザができたり、罵声を浴びたりすると、なんでこんな仕事を選んだんだろうと自問自答したり、ときには涙が出てきたり、ストレスで食事も取れなくなったりし、何度この仕事をやめようかと思いました。

しかし、咳などをすると「かぜは万病の元だから大事にね」と優しい言葉をかけられることもあります。夜勤で巡回にいくと「疲れたろ、ちょっと休んでいったら」と自分はベッドの隅に横になり場所を空けてくれるのです。またあるときは、いつものように付き添っていくと、焼き芋屋さんにあい、焼き芋を一本買いそれを二つに分け、大きい方を「あったくておいしいよ」と渡してくれるのです。散歩中の満足した佐藤さんの表情を見ると、複雑な気持ちになりますが、優しさを感じます。

(6) いくつになっても母親

佐藤さんの徘徊のパターンは最初はつかめませんでしたが、そのときの会話や歩く方向を記録からみると、回を重ねていくうちにいくつかのパターンが見られました。三つくらいあるのですが、そのいずれにも次女宅が入っているのです。また、佐藤さんは角に来ると曲がる方向を考えるのですが、右へ曲がる傾向があるので、時間がないときや天気が悪いときは、付き添う位置を工夫して短時間で施設に帰るようにしました。

施設から佐藤さんの足で約四〜五分のところに次女宅があります。そこを目指して歩くのです。行っても留守が多く、居ても上げてもらえません。いろいろ複雑な親子関係があり、葛藤や亀裂は深いようですが、それでも佐藤さんは、日課のように次女宅へ出向くのです。次女宅に着くと、家を見上げうんうんと頷きながら引き返すのです。娘の姿は見えませんが、娘の無事を願っていることが伝わってきます。

このような徘徊が二年を過ぎようとした頃、佐藤さんの足の衰えが目立ってきて、次女宅の途中で「帰ろうか」というようになりました。施設は坂の上にあるので、そのゆるやかな坂を上がれなくなり、職員は佐藤さんを後ろから押し上げるようにして上がってきます。それでも徘徊は休みなく続くのです。身体で体得したはずなのに、あれほど通った次女宅への道を足が迷い、道を間違えるようになり、付き添いの職員に確認する。次女宅を遠くから見つめ「そうだ」とつぶやく。その後姿は、ただただ理屈抜きに子ども案ずる母の姿のように思えました。やがて、息もハアハアと荒くなり長時間歩くのはかなりきつくなってきました。速度もゆっくりで、外へ出る回数が少なくなってきました。出ない日は窓から次女宅の方向を見ています。樹の間越しに遠くの次女宅を探している眼差しはとても優しい。

4　技術はさびていない

(1) プロフィール

田中一郎（仮名・八十五歳男性）さんは、妻と二人暮らしをしていました。特に病気はありませんが、物忘れで、ご飯を食べたことを忘れたり、家族の顔も忘れてしまい、妻に何度も「どこのどなたかわかりませんが、親切にしてくれてありがとう」と日に何度も言うようになりました。妻は病気だとわかっていながらも、長年連れ添ってきた夫の姿に心を痛め、妻のほうが入院してしまいました。日常の行動は、常に声かけと見守りが必要です。妻が入院してからは長男の家族と同居しましたが、長男の妻も介護に限界を感じ施設入所となりました。家族関係は良好で面会も頻繁にきてくれます。

ＡＤＬはほぼ自立していますが、常に声かけ見守りが必要です。夜間トイレに行きたくなり、トイレに行くと、自分のベッドの位置がわからなくなってしまいます。食事のときも自分の席がわからないため誘導が必要です。性格は穏やかなのですが、自分の場所がわからないため、他の利用者のベッドで寝ていたり、他の利用者のロッカーや引き出しを開けたりしてトラブルが絶えません。

(2) 日々の生活

朝の声かけをするとすぐに目ざめますが、なにをしたらよいかわからず、職員の声かけでパジャマから着替えます。ズボンを上着のように着たり、シャツが上だったりするので他の利用者の着替えをしながら声かけをします。ボタンの位置もチグハグです。次に歯磨き、これもひとつひとつ声かけが必要です。入れ歯も上下がわからず何度もやり直しをしています。髭剃りは電気かみそりなのでスムーズにできます。食事も声かけしないとご飯ならご飯だけを食べます。元気で自分でできるのですが、常にそばに居て声かけが必要なのです。そうしないと座っているだけで行動はできません。

新聞は長年の習慣なのでしょう、朝食後に必ず読みます。難しい字も読めます、職員が「○○はどう書くのかしら」などというと、すぐに教えてくれます。しかし、読んでいる記事の内容は理解できないようで、「なにが書いてあるのですか」というと「さあね、知りたいなら、読んでごらんなさい」という。書いてある文字はスラスラと読み上げてくれますが、読めることと理解することは違うのです。

あるとき、隣の部屋の女性が「助けてください」とか細い声で言っていました。田中さんは、もともと親切な人ですから、その声に黙っていられなかったのでしょう、その女性を抱きかかえたのはいいのですが、部屋の前で抱きかかえたまま呆然としていました。職員は落としてしまわないかとハラハラしていくと、「ああよかった、私のほうが助けてもらいたい心境でした」と穏やかに言うのです。

またあるときは、鼻くう栄養の利用者を見て、鼻に管を通してベッドの上から栄養を落としている姿は、痛々しく感じたのでしょう。はさみを探してその管を切ってしまいました。職員から見るとなんてことを思いますが、視点を変えると見方は変わってくるのでしょう。絶えず柔軟な視点の必要性を感じました。

（3）腕の見せ所

物忘れのひどい田中さんなので、かかわるときの留意点はたくさんあります。施設は集団ですから、集団の中の個別性を大切にしますが、他の利用者のことも合わせて考えた上で援助を展開しています。夜間の対応の一つに、トイレの問題がありました。トイレに行き手を洗うさい、水道の蛇口を閉め忘れてしまうので、田中さんの部屋は夜間水道の蛇口は元栓を締めるようにしていました。そうでないと一晩中水がだしっぱなしになってしまうのです。

ある夜更けに、田中さんの部屋のあたりからシュシュと音が聞こえてくるのです。いやな予感で部屋に向かうと、なんと田中さんの部屋のトイレの電気がついていて、そこから多量の水が流れ出ているのです。どうしたのか、状況把握をしなければと、トイレをのぞくと、田中さんと同室の認知症の男性が一緒に立っていました。足の下は水があふれています。二人ともパジャマのズボンはびしょぬれです。

突然大きな声をかけると、振り向いた拍子に転んでしまいますから、動転している気持ちを抑えて「どうしましたか」といいながら様子を伺いました。二人の表情は満足した顔で「やりましたね、やあやあ、お見事お見事」まるで油田でも掘り当てたように喜んでいます。「ご苦労様、こちらでお茶でもどうぞ」といいながら、これは大変、早く何とか収拾しなければ下の部屋に水がこぼれてしまうと思い、二人をその場所から離れていただき、すぐにお茶とお菓子を食べてもらい、その間にタオルケットやシーツであふれた水の上にかけました。他のフロアの職員に連絡し、その場の収拾を考えました。

なにしろ、何の工具もないのに、二人で力を合わせて洗面台ごと外してしまったのです。元栓どころではありません。どんどん水はあふれてくるのです。さてどうすればよいか、機械室に行って施設全体の元栓を止めなければとあせるばかりです。でも普段は機械室など入ったこともないのですから、たくさんのパイプや管、電線を見ただけで頭のなかは混乱してしまいました。手当たりしだい閉めたら、電気まで消えて施設全体が真っ暗です。冷静にと深呼吸をして、夜勤者と協力しあい元栓を確認してしめました。真夜中とはいえ突然電気が消えてしまうと異様な感じがしたのでしょうか、寝ていた利用者の何人かは起きてしまいました。

その後二人は、大きな仕事をした充足感からかぐっすり寝ていました。一段落すると、朝の起床介助が始ります。その頃、調理の職員が出勤してきました。すぐにかけつけて「大変、ご飯がたけていないの、なにかあったのでしょうか」というではありませんか。心当たりは、機械室の電源を切ってしまったことの影響でした。朝食まで時間がありません、災害時の緊急食を出したり、缶詰を開けたりしてその日の朝食はしのぎました。

（4）なにかありましたか

翌朝、田中さんに「夕べはご苦労様でした、よく眠れましたか」というと、きょとんとして「なにかありましたか、よく眠れましたよ」、もう一人の利用者も「さてね、なんでしょうか」と、あれほど大騒ぎになったのに、二人とも何事もなかったようにけろりとしています。無事に収拾できたことで一安心しましたが、二人の姿に疲れがどっと押し寄せてきました。しかし、二人はそんなこととは無関係に、急場しのぎの朝食をおいしそうに残さず食べていました。その横顔は満足そうでした。いったい昨夜の騒ぎは何だったのでしょうか。

でも大変だったことは横において、二人の協力体制はすばらしい、いつもは言葉が行き交わず、お互いが好きなことを言っていて、所々ちょうどよく合っているだけで、会話そのものは成り立っていないのです。それなのに昨夜はどのようにしてコミュニケーションがとれたのでしょうか。会話もなくことが運んだのではないと思うのです。また、何の工具もないのにどのようにして洗面台を取り外すことができたのでしょうか。二人に聞いても「さあ」「さてさて」と全く昨夜のことは何一つ覚えていないようです。

推測ですが、田中さんがトイレから出て手を洗おうとしたら水がでない、そこで昔技術屋だったことがムクムクと心に湧いてきて、何とかしなければと思ったのでしょうか。どこをどうしたのかはわからなくても、現実には取り外すことができたのです。ねじはどうしたのか、重たい洗面台を支えなければ落としてしまうのですから、昔の腕は確かにさえていたのですね。このくらいはなんでもないことなのかもしれません。田中さんは、昔飛行機の設計をしていたのです。あの有名なアメリカのM工科大学をでているので、知識も技術も身についているのです。テスト前に暗記するのとはわけが違います。本領はいつでもどこでも発揮することができるのです。もう脱帽というほかありません。

5　小さな子どもたちに夢を

(1) プロフィール

中村清（仮名・六十三歳男性）さんは、一人暮らしの気ままさから生活のリズムが乱れ、アルコール依存症になり、入退院の繰り返しでした。脳梗塞の後遺症で右片マヒがあり、利き手が不自由です。自分で調理ができず出来合いの惣菜を買って食べていました。娘は退院してもまたアルコールにづけになってしまうと施設入所を勧めました。中村さんも今度こそはという気持ちで施設に入所しました。性格は優しく気の弱いところがあります。

ＡＤＬはマヒがあるもの、杖歩行でほぼ自立しています。身の回りのことは何とか自分でやろうと工夫しています。

（2）アルコール依存

退屈していると、ついついアルコールに手が出てしまう。飲みすぎはよくないことはわかっているのですが。これまでの何年間は入退院の繰り返しで、娘たちからも愛想をつかれた状態、中村さんは退院時は「今度こそは、飲まないぞ」と思っていても、「毎日一人で話す人もなく過ごしていると、寂しくなっちゃってね、気が弱いのかな」照れながら言う。娘を始め、中村さんの周りの人びとには、これからも入退院の繰り返しだろうとの思いがありました。

入所時、病院からはアルコールを飲むと止まらなくなるので一切飲ませてはいけないとの申し送りがありました。施設としては、その人らしい生活ができることを目標にしているので、本人との話し合いで決めていく方針です。

中村さん、家族、施設職員の三者で話し合いをしました。中村さんは「やめる努力はするが、飲まないとは言い切れない、徐々に減らしていくつもり」といい、家族は「いつもそういって約束が守れないのだから、一切飲まないように」と意見の相違がありました。話は平行線です。施設としては、中村さんの過去から飲まないことを勧めたいが、中村さんの生活を強制するのはよいとは思えず、施設の中で楽しみを見つけることを中心に考えていくことにしました。家族は割り切れない顔をしていました。中村さんは今度こそはという表情が見られました。

しかし、二日後から昼間から真っ赤な顔でアルコールの臭いがプンプンです。やはり甘かったかなと後悔しながら様子を見ていました。だんだん量が増えていきます。利用者たちも遠ざかっていきます。

中村さんと話し合いを持ちました。隠れて飲むのはやめて、もっとおいしく飲んだらどうかと提案しました。そして中村さんがおいしく飲めるときってどんなときかを話し合いました。やることがなくて飲むのはおいしくない、何かした後のお酒はおいしいと言いました。

（３）居酒屋

「昔は、仕事の帰りに一杯、これが楽しみで働いたもんだ」と口癖のように言います。もう居酒屋に行くこともないと思っているようです。「そんなに行きたいのならお連れしますよ」と声をかけると、「うそだろう?」「いえいえ、お連れしますよ」

数日後、町の居酒屋に職員とともに出かけました。大好きな焼き鳥を食べ、ジョッキを左手でもちながら飲む姿は様になっています。昔の話をたくさんしてくれました。いつもよりペースはゆっくりです。「もう帰ろうか」と中村さんから言いました。

帰りの車の中で「ありがとう」と一言、涙がポロリとこぼれたのが見えました。職員はさりげなく「またきましょうね」と。いつもより量も少ないのに、帰ってからその日は飲みませんでした。翌日もそれほどではありません。それどころか、ワープロを習いたいといってきました。

(4) 日々の生活

施設に入所したものの、周りの入所者は高齢で話が合わない。初めは合わせようとしていたが、話がかみ合わないのでついついアルコールに手を出してしまう。職員からも「飲み過ぎないように」「昼間は飲まないように」といわれるので、こっそり隠れて飲んでは「お酒の臭いがするわよ」といわれてしまう。そうはいっても手持ち無沙汰で、テレビを横になって見る生活でした。時間はあまりすぎるほどあります。ウイスキーの大瓶を四〜五日で空にしてしまいます。

職員から「若いのだからワープロを覚えませんか」といわれ、やってみることにしました。操作を覚えるだけで時間がたってしまい、アルコールに手を出す時間が少なくなりました。職員からは次々にワープロ打ちを頼まれ、一日の大半をワープロ打ちで過ごすようになりました。初めは利き手である右手が使えないので、左手でキーをひとつひとつたたくので時間がかかりました。変換するときはかなり工夫をしないと手が届きません。自分なりに棒を使い手の変わりにして変換します。どうしたら早く打てるようになるか試行錯誤しながら行うのも面白くなり、片手で不自由だと思っていたが、工夫次第でだんだん打つことが早くなり、職員からの依頼だけでは時間が余ってしまいます。

そこで、新聞の連載小説をワープロで打ち直しました。それを職員が製本して自分だけの本を作成しました。表紙や空いている箇所に挿絵を入れるのも楽しみになりました。雑誌やチラシなどを見ていても、気に入った絵があると切り抜いておきます。娘や孫もいい絵があると持参してくれます。娘は「今度はなにができるの」といいながらできた小説を読むのを楽しみにしてくれるので、張り切ってワープロを打ち、ひと区切りついてのむタバコの煙に心が和らぎます。

(5) ちいさな子どもたちに頼られて

施設は多くの子どもたちが訪れて利用者たちとの触れ合いがあります。その子どもたちが感想文や手紙をくれます。大切にとっておくのですが、これをワープロで打って小冊子にしたらどうかと思い職員に相談しました。職員もいいアイデアと取り上げてくれ、ワープロ打ちに励みます。子どもたちが書いた絵はそのまま活用して文集のようなものに仕上げる。それを子どもたちに贈ると、また施設に来てくれて、定期的な訪問になったり、小学生は好きなときに訪問してくれます。だんだん自分の孫のような感じとなり、夏休みなどは自由工作などを一緒にします。施設の裏山の木を活用して木工細工や竹とんぼなど、昔の子どもがしていたことを教えます。

子どもたちも次々にアイデアを出し創作していきます。小刀の使い方や削り方などを教えます。どんなものでもできあがるとうれしいもので、特に子どもたちの笑顔は何よりの楽しみです。そのうち宿題ももってきて一緒にします。勉強の嫌いな子どもは「なんでこんなのやるの」と不満そうに言いますが、「大人になると子どものときやった勉強が役に立つんだよ」というと「そうなんだ」と素直に受け入れてくれると、自分も頑張らなくてはと自然に思うようです。子どもたちの疑問に答えるためにいろいろなことに興味を持っていないと答えられません。新聞や雑誌では子どもに関する記事や話題が気になり積極的に読むようになりました。子どもたちが来るときは「いいおじいさんでないとな」ともちろんお酒などは飲んでいられません。「将来を担う子どもたちが、すくすくと育つように、大人の役割を果たさないとな」と中村さんの目も輝いています。

気づいてみると、あれほど好きだったアルコールがかなり少なくなって、時々催される行事以外は口にしなくなりました。そして、自分で買って隠れて飲むことはなくなりました。

Ⅱ　在宅であった高齢者たち

1　家族は出ていってしまったが

(1)プロフィール

山田辰夫（仮名・八十七歳男性）さんには五人の子どもがいます。妻が他界してから、子どもたちが一人暮らしを心配して同居しました。しかし、山田さんの認知症によるトラブルで、最初の一人が数カ月で出ていき、次の子どもが同居するが同様に出ていってしまう。同居した子どもは山田さんの世話を一生懸命するのですが、一生懸命すればするほど、「財布を取った」「泥棒、警察に訴えるぞ」「財産を盗ろうとしている」などといわれるものですから、認知症だとはわかっているものの、疲れ果てて別居してしまうのです。一人暮らしは無理なので、施設も考えたのですが、本人は「一人でこの家で暮らす」と強くいうので、在宅サービスを利用して生活を見守ることで子どもの意見はまとまりました。月に一回は交替で訪問すること、長男がキーパーソンとして調整を取ることが決まりました。

ＡＤＬはほぼ自立ですが、時々失禁があります。物忘れがひどく生活全般に一部介助や見守りが必要です。

着るものも、ベッドの側においてあっても声をかけないと着ることはできません。

(2) サービス開始

本人と長男が同席して在宅サービスについて話し合うと、本人は「なんでも一人でできます」というのです。長男は今までのいきさつを話し、山田さんの今後の生活をどうすれば在宅で暮せるか不安の様子を隠せません。物忘れはかなりあるが、足腰は元気で歩き方もしっかりしている。病院の受診はタクシーで一人で行くが、受診日を間違うことが多く、また、服薬も勝手に飲んでしまうので、医師からは服薬管理をするように言われています。

家族は山田さんへの援助をしたいと思いながらも、泥棒呼ばわりされたことで、直接的な援助はしたくないのです。在宅サービスの利用で何とか生活できることを望んでいました。生活を支援するためにホームヘルプサービスと他者との交流も必要なためデイサービスを利用することになりました。

ホームヘルプサービスは食事つくり、朝・昼・夜の巡回サービスでトイレ誘導や起床介助、就寝介助を利用することになりましたが、実際に職員が訪問すると、そのことを忘れてしまい、「何で人の家に黙ってくるのか、余計な世話だ」といい、家に上げてくれません。いくら説明しても了解してもらえず、サービスを提供するどころか、逆に怒ってしまいます。訪問するヘルパーさんたちは、どう対応してよいかわからず、肝心の食事つくりをすることはできません。長男に連絡し、長男から電話で言ってもらうが「わしは、契約しておらん」と聞き入れてくれません。食べるものは近所のコンビニで買ってくるようなので、初めは一日一回の食事作りから慣れてもらうようプランの変更をしました。

（3）仕事をする姿勢

やっと家に上がることができるようになりました。巡回サービスは短時間のサービスで、時間通りに行くのですが、山田さんはかつての自分の仕事から「仕事するときは、時間前に来て情報を集めその日の計画を立て作戦を考えてするものだ、あんたたちは時間きっかりに来て、スーと帰ってしまう。それではいかん。仕事をする姿勢がなっとらん、上司が悪い。呼んで来い」「畳を歩くときはつま先で、畳の縁は踏んではいけない」「人の家にくるのにそんな格好で来るとは」などなど。

あるときは、「会社の方針は何か、福祉だから血の通ったことをするのか」「今日の新聞のニュースくらい読んで来い」「政治も知らないでよく生きているもんだ」「自由とは」話が好きで、話し出したら止まりません。話の途中で口をはさむと「人の話も聞けないのは最低の人間だ」と言われてしまい、サービスの時間が過ぎても帰ることは至難の業です。いくらコミュニケーションの技法をといわれても実際は難しいのです。

（4）どうぞ召し上がれ

職員が昼食を作っているうちに、山田さんがうとうとしてしまったので起こしては気の毒と思い、目の前に食べられるようにしておいて、ヘルパーは声をかけずに帰ってきました。少し時間がたってから事業所に電話がかかってきました。「目の前にご飯があるが、どうなっているんだ」自分の目の前にあるのだから食べればいいのではないかと思いますが、そうは思わなかったようです。電話を切って、かけなおす「山田さんのお宅ですか」「そうだよ」「目の前にご飯ができていると思いますが」「あるよ」「では、どうぞ召し上がれ」「食ってもいいんだな?」「どうぞ、ゆっくり召し上ってください」「わかった」。

あるときは、「今日は友人が訪ねてくる」といい、そうかなと思っていると、酒屋さんから、ビール、お酒、ウイスキーが何本も届き、おすし屋さんからは十人前の握りずしが届きました。電話は自分でかけられるのでいいのですが、電気屋さん、八百屋さん、お米屋さん、ガス屋さんにも頻繁にかけるので、どのお店も初めは混乱していましたが、次第に理解を示してくれ、安否を確認してくれるようになりました。

（5）冬の真夜中に水風呂

暮れも押し迫った真夜中の巡回に行くと、水風呂に入っていました。「寒くない」「ちょっと寒いかな」風邪を引いたら大変と思いすぐにガスをつけました。すぐに出ては風邪をひいてしまうおそれがあるので、山田さんの興味のある話をしました。湯加減はどうかと浴槽をのぞくと、金魚が二匹泳いでいるではありませんか。「えっ何で?」、目を疑いました。「大変、金魚がゆだってしまう。早く取り出さないと」気持ちがはやります。そばにある湯桶で金魚をめがけるのですが、金魚は逃げてしまう、お湯は熱くなってくる。取ろうとすればするほど金魚は逃げてしまう。

山田さんに「金魚を湯桶に入れてくれませんか」とお願いする。「かわいいね」といいながらそばに寄ってくる金魚を自然にすくう。よかったと思いながら、とりあえずテーブルのコップに入れました。

やがて山田さんは風呂から上がり、着替えをしていました。その間に風呂場の掃除をしました。着替えた山田さんにお水をと思い、コップを見ると、先ほどの金魚が消えてしまっているのです。「なぜ？ 確かにコップに入れたのに」、辺りを見回しましたがそれらしきものは見当たりません。いくらなんでもと思いながらも気が動転しましたが、そうはしていられません。違うコップに水を入れ飲んでいただきました。山田さんは特に変わった様子もありません。でも、どうして金魚は消えてしまったのでしょうか。

体が温まったのでしょう、山田さんはベッドに入るとすぐに寝息を立てていました。〝また明日来ますから元気でねと〟と願いながら、山田さんの家を後にしました。翌日、山田さんの様子をこまめに観察しましたが、いつものように食事をして話し方も力強く変化はありませんでした。

(6) 生活は続いていく

いろいろなことが次から次と起こりますが、山田さんの生活は滞りなく継続しています。家族は距離感ができ客観的に接するようになりました。山田さんは以前と同様に家族を泥棒呼ばわりします。家族は「もう来ないから、勝手にして」といって気持ちが沈んでしまいますが、言った本人はその言ったときだけで、すぐに忘れてしまうのです。家族がいつまでもイライラしていても、なぜイライラしているのかわかりません。そのとき、そのとき点で生きているのです。普通はいろいろなことがあっても、それらを含んで線で生きているのです。

介護する側も、いろいろなことが起きるから、それを解決するために工夫をします。予測できないことが多いのですが、多様な視点を持っていないと利用者の安全は守れません。

2 家を守りたい

(1) プロフィール

小林みな（仮名・九十一歳女性）さんは、一人暮らしです。十五年前に夫が他界し、娘と暮らしていました。夫は植木職人で、仕事中高い木から落下し下半身マヒとなり、娘と介護をしていました。娘と協力しながら日々の介護をし、「大変だったが楽しかった」と思い出しては口癖のようにいいます。その娘も三年前にがんで亡くなりました。子供はこの娘一人です。

他人の世話にはならないとがんばって生活をしてきましたが、肺炎で倒れ入院してからは、身体機能の低下により、サービスが必要になりました。要介護1で、自立している部分も多く、夫と娘の墓参りをすることが唯一の楽しみです。お墓は自宅から車で二十分のところにあります。家にいても仏壇に話しかけたり、花やお供物を供え線香をともすことが多いようです。家を守ることに力を注ぐ姿が印象的ですが、これからのことを考えると、時折落ち込む姿が見受けられます。近くに親戚もいなく、頼る人はいません。経済面は、夫の年金と貯金で困らないようです。

（2）サービス開始

退院後、自宅でこれまで同様に生活を継続したいということで、介護保険を利用することにしました。親戚も遠くに住んでおり、あまり親戚づきあいもないまま過ごしてきました。近所に親しい友人がおり、その人が相談相手です。

みなさんはしっかり者で、日々の生活も工夫しながら暮らしています。足元のふらつきがあるため、大きなものの買い物や布団干し、洗濯干し、掃除を訪問介護で週三回と月一回の受診の付き添いと墓参りの外出介助を利用しています。

訪問介護サービスの利用の説明時も質問をして、納得がいくまで聞き返し、忘れてしまうからとメモをとります。そのメモ用紙も広告の紙を同じ大きさにそろえておき、すぐ使えるようにボールペンと一緒にしておきます。わからないことは普段からメモをしておきます。みなさんに「メモを取ることをいつからしているのですか」と、聞きましたら「娘が亡くなって、しっかりしなければと思い、ぼけないようにと思ってはじめました」と答えが返ってきました。そのメモは箱にびっしり保管してあります。時々読み返して、忘れないようにしているそうです。

（3）日々の暮し方

毎日、きちんと時間を決めて過ごしています。朝は五時半に起床、軽い体操をしてからベランダの草花の手入れ、六時朝食の準備、仏壇の水替えと線香をあげ夫と娘に話をする、七時朝食、その後一時間新聞を読む、朝食の片付けや掃除、洗濯、テレビなどで昼まで過ごす、十二時昼食の準備と昼食、十三時からテレビ、昼寝、入浴、夕刊を読むなどで十七時まで過ごす、十七時から夕食の準備、十八時夕食、その後テレビを見て、軽い体操をして二十時就寝。

洋服もこざっぱりとしていて、色の組み合わせも楽しんでいる様子。思い出のある洋服を着たときは、話も弾みます。文学少女だったということで、小説の話も多く、日記を書いています。

親戚が遠いので、直接行ったり来たりのお付き合いは余りないようですが、お祝いや法事のときは手紙と品物のやり取りをしていて、季節ごとに収穫物が送られてきます。

(4) お墓参り

元気なときは、月命日にお墓参りをしていたようですが、付き添いが必要になってからは月に一回と曜日も決めています。みなさんとしては、従来どおり月命日にお墓参りをしたいのでしょうが、「仕方がないわ、早く元気になって行けるようになりたいわ」といいながらも、楽しみにしています。

迎えにいくと、髪を整え、洋服を着替え、夫や娘の好きなお菓子とお花を準備して待っています。心待ちにしている様子があふれています。心が動いているのがわかります。動きもいつもよりしっかりしていて、窓を閉めたり、鍵や火の元を確認し、仏壇に手を合わせてから出かけます。

道中も、夫や娘さんの思い出話がたくさん出て、口も軽やかで笑顔が美しく、若々しく見えます。次から次へと話が弾み、充実した時間です。お寺についてからも、自分から進んで水を汲み、お墓の花入れや線香立てをたわしで磨き、持参したお花を飾り、お菓子を上げお線香を手向けます。その後は、三十分くらい一カ月間のことや今後のことなどを語りかけながら自分に言い聞かせているようです。次の一カ月間を安心して過ごせるためにはなくてはならない時間なのでしょう。語りかけながら勇気をもらっているのだと思います。

(5) 家を守るために生きている

毎朝仏壇に手を合わせ語りかけているのは、他者から見ると夫や娘に頼っているように見えますが、みなさんは「私がいなくなったら、墓守をする人がいなくなってしまうので、なんとしても元気で小林家を守らないといけないのよ。本当は娘が結婚して跡を継いで欲しかったんだけどね。娘には好きな人がいたのだけど、娘を思う親心から反対してしまって、そのうちにがんになってしまったの。私が悪かったのよ、好きにさせてやればよかったと後悔しているのよ。遅すぎるのだがね、今でもよく夢に出てくるのよ。その分長生きしてしっかりしなければと思っているの」と。

家を守ることを生きる目的にしているみなさんの生き方は、半端ではありません。毎日仏壇に手を合わせ、気持ちをしっかりさせています。なんとなく生きているのではありません。小林家を守るということが生きがいなのです。いつも夫や娘と一緒に生きているのです。生きているときより、もっと身近にいるようです。背筋をピンとさせ、悲しいことや苦しいこともあるのでしょうが、毎日ささやかな暮らしを重ねていくことが大切なことなのです。加齢とともに身体機能が低下していくのはごく自然なことです、意図的に生きる目的をもってこそ元気が保たれるのかもしれません。自分のために生きているのではなく、夫や娘を守るために生きているように思えるのです。誰かのために生きている、そういう生き方もあるように思えます。

3 調理ができるようになった

(1) プロフィール

加藤幸一（仮名・七十四歳男性）さんは、妻が一年前に他界し一人暮らしです。子どもは二人（長男・長女）で、他県に住んでいます。半年前に脳梗塞で入院しました、軽いマヒがありますがリハビリテーションで歩行もできるようになり退院しました。もともと家事は妻に任せきりでしたが、一人になってからは惣菜を買ってきて食べる生活でした。

退院後は自分で食生活に気をつけながら健康管理をしようと考え、市で開催している料理教室などに参加して覚えようとしていました。左足に軽いまひがあり、階段やバスの上り下りは不自由ですが、リハビリを兼ねて頑張っていました。それでも三度の食事を作ることはかなり負担になっていました。

娘が二時間のところに住んでおり、月に二回来てくれ、何食分もの食事を作ってくれます。娘から訪問介護の利用を勧められ利用することにしました。一年後自分でかなり家事ができるようになり、その後は自立した生活をして、孫たちに手料理でもてなすようになりました。

(2) サービスの開始

退院後、娘から今後の生活をきちんと計画を立て過ごすようにいわれ、幸一さんもそう考えていたので、長男、長女と相談して、この家で自分らしく暮していけるようにすることを選びました。近所には昔からのテニス仲間がおり、時々お酒を酌み交わし楽しんでいたので、それはこれからも続けたいと望んでいました。

介護保険の認定を申請し、訪問介護を利用することにしました。サービスを利用するのは初めてですが、娘もいろいろアドバイスをしてもらい、福祉制度に関心が強くなっていきました。要介護度は要介護1、かなり自立しています。訪問介護を週二回、調理と掃除、左膝が曲がらないので、風呂やトイレ掃除と調理、調理はヘルパーさんと一緒にして覚えるようにしました。

(3) サービスの利用時

初めはただ見ているだけでしたが、次第に自分のやれるところを探しはじめました。一カ月ごろから、調理をするときの献立をヘルパーさんと一緒に考え、手順をメモするようになりました。調理は子どものときからしたことがなく苦手だと自分では思っていたようですが、一緒にしてみると手際もよくすぐにマスターしていきます。新聞やテレビで料理に関連する記事を切り抜き自分でアレンジして活かすことをとても上手で、みるみるうちにできることが多くなりました。

料理雑誌を購入し、基本的な知識もかなり習得し、買物も上手になりました。カロリーの計算はお手のもので、パソコンに献立を書き込みカロリー計算も同時にしてしまいます。まるで仕事をしているような感じです。パソコンもそのために、パソコン教室に行って覚えました。幸一さんは、「家事がこんなに大変でおもしろいものとは思わなかった、奥が深くて覚えがいがあるな、おかげでパソコンなんか使えるようになるとは思わなかった」と新たな楽しみを見つけ出したようです。

訪問介護がないときは、自分で簡単な調理して食事をしています。買物の仕方も上手になり、野菜などの選び方もなかなかです。少しずつですが自分で楽しみながら調理をすることが身についていくことは、調理だけではなく、掃除や洗濯、身だしなみなどにも波及し、生活全般の活性化につながっています。健康管理も自然に身につき、病院で受診しても医師が驚くほど検査の結果はよいようです。真っ白だった髪の毛も少し黒くなったように思えます。

（4）得意料理

毎日ヘルパーさんと調理をしながらこつを覚え、幸一さん自身の創作料理も増え、レパートリーは広がるばかりです。テニスの仲間を時々招待して手料理でもてなすことを思いつき、仲間に声をかけたら、気持ちよく集まってくれました。前日から献立をたて準備をしていたようです。

当日の参加者は七人、男性ばかりです。年齢は六十歳から七十八歳までといずれも健康管理や食生活に興味を持っている人たちばかりです。掃除機をかけ、切花をテーブルに飾り、箸置きを並べ雰囲気が出ていました。和食がメーンで得意の茶碗蒸し、アボガドとマグロのわさび和え、菜の花の煮浸し、ぶりの照り焼き、豚肉の角煮、サツマイモの茶巾絞りで全部幸一さんが考えて作りました。それをカメラにとりながら満足な笑顔が見られました。

あるときは、小学生と中学生の孫たちに、食べ盛りを意識しての献立では、イタリアン風にオリーブ油で鶏肉をハーブやガーリックで炒め、スパゲッティも海鮮を使い、トマトピューレで仕上げます。孫たちの「おいしい、お母さんもおじいちゃんに教えてもらったら」との言葉に、さらに腕を上げていきます。

(5) パソコンで記録を作成する喜び

日々の料理やもてなしの料理をカメラに収め、パソコンに取り込み記録として残しています。献立や作り方、注意点や反省点も書いてあるので、次回の調理に役立っていると同時に友人たちにもプリントして配り、喜ばれています。料理教室にも持参し仲間に配布したりしています。パソコンもかなり上手になり、友人にも教えています。

インターネットで料理を見ることも楽しみになり、好きな掲示板にも投稿し、意見の交換などもしています。どんどん楽しみが増えていき「時間が足りないなあ」とつぶやくこともあります。

料理はできないと思い込んでいた幸一さんですが、そのできない料理をヘルパーさんと一緒に作ることで、今まで隠れていた能力が引き出され、大きな喜びに発展していきました。一つができるようになると、それに伴い多方面に波及していくことができました。その人のできることを少しずつ認め、徐々に根気よくかかわることによって、人間関係ができてくるのでしょう。人と人とのかかわりができてきてはじめて隠れている力が開花してくるのだと思います。だれにでも隠れている力はあるのだと思います。それをどのようにして引き出していくかは、人と人とのかかわりが大きな鍵になっているのだと思います。

【参考文献】

井上勝也監修『事例集　高齢者のケア①痴呆症状と生活障害』中央法規、一九九六年。
認知症介護研究・研修東京センター監修・発行『新しい認知症介護』中央法規、二〇〇五年。

社会福祉の基礎と援助の視点を考える

丹野　真紀子

はじめに

社会福祉という言葉はいつから使われるようになったと思いますか。この言葉が使われるようになったのは、戦後、しかも、日本国憲法第二十五条で使われたのがはじめです。それ以前は、社会福祉という言葉ではなく、慈善、慈善事業、厚生事業などの言葉が使われてきました。では、この社会福祉という言葉が何から来たかというと、英語の【social Welfare】の訳語として出てきたのです。Social は「社会」、Welfare は「快い暮らし」といった意味があり、社会福祉とは、より良い生活といった意味をもっています。

戦後から年数がたち、今「社会福祉」という言葉を聞くとどのようなことを連想するでしょうか。多くの人から出てくる言葉は、お年寄り、介護、といった高齢者にかかわる言葉です。二〇〇〇年に介護保険ができてから、高齢者を通して福祉がよりいっそう私たちの身近な存在として感じられるようになってきたといえるのかもしれません。でも、社会福祉は高齢者や介護のみを意味しているわけではなく、さまざまな分野で使われています。ここでは、「社会福祉」とは何かを考えながら、さまざまな困難を抱える人に対して援助者がどのような思いで仕事をしているのかについて紐解いていきましょう。

I　社会福祉って何だろう

社会福祉って何だろうと考える前に、まず、今日本が抱えている問題や、日本の社会の特徴を考えていきましょう。では、「現代社会の特徴、特質、問題点などを挙げてください」と問われたら、どのように答えますか。学生から出てきた言葉は次のようなものでした。

> 高齢化、介護、老々介護、痴呆、熟年離婚、少子化、いじめ、ニート、フリーター、登校拒否、引きこもり、不審者、犯罪の低年齢化、晩婚化、女性の自立、ドメスティックバイオレンス、不況、政治不信、リストラ、年金問題、先端医療、脳死、外国人労働者、情報化、障害者、障害者の雇用問題、医療費の高騰、環境問題、ごみ問題、ダイオキシン、ボランティア、児童虐待、老人虐待、拉致、過労死、財政赤字、統合失調症、情報開示、薬物依存、不法滞在、バーンアウト、医療過誤、保育所不足、統合教育、汚職、女性の社会進出の増加、ネットサーフィン、など。

こうして出てきた五〇くらいの言葉を整理して考えてみましょう。

①**高齢化**……介護、老々介護、痴呆、老人虐待
②**少子化**……晩婚化、一人っ子の増加、ディンクス、核家族化
③**経済の低迷**……不況、リストラ、フリーター、ニート、過労死
④**政治**……政治不信、汚職、情報開示、財政赤字
⑤**社会保障**……年金問題、医療費の高騰、
⑥**こども**……児童虐待、いじめ、登校拒否、引きこもり、犯罪の低年齢化、統合教育
⑦**女性**……女性の社会進出、女性の自立、ドメスティックバイオレンス、保育所不足
⑧**障害**……障害者の雇用問題、統合失調症、統合教育
⑨**医療**……先端医療、医療費の高騰、脳死、医療過誤、薬物依存
⑩**国際化**……外国人労働者、拉致、不法滞在
⑪**高度情報化**……携帯の普及、ネットサーフィン
⑫**環境**……ごみ問題、ダイオキシン

またまだ分けることはできるかもしれませんが、こうした十二項目に分類して考えることができます。これらは社会福祉とかかわっているのでしょうか。それともまったく関係ないのでしょうか。どう思われますか。この中で、すぐに社会福祉と結びつくものは、①高齢化、⑥子供、⑦女性、⑧障害の項目かもしれません。でも、現代の社会福祉の考え方では、これら十二項目すべてに関して社会福祉はかかわりを持っているのです。どのように社会福祉と関わりを持っているのか少し説明していきましょう。

①**高齢化**は、今、日本社会の抱えている大きな問題のひとつです。介護保険ができたことによって、さまざまな福祉サービスを利用することが権利のひとつとして考えられるようになってきました。今までデイサービスやショートステイ、ホームヘルパーなどの社会福祉サービスを知っていてもなんとなく利用することに抵抗を感じていた層にも利用されるようになり、社会福祉サービス利用の大きな転換となりました。

②**少子化**は、社会福祉にもさまざまな影響を与えています。特に高齢者に対する介護の問題は、家族構造の変化も含め今までの家族内介護の限界が見えてきました。介護保険の導入も日本の高齢化、少子化の影響がかなりあります。また、高齢者問題のみならず、児童に関しても近年の、核家族化によって、子育て環境に大きな変化を生み、子育て不安を持つ母親が増えてきています。

③**経済の低迷**は、日本経済のみならず、社会福祉の世界にも大きな影響を与えています。日本の福祉政策は、日本の経済成長と共に発展をしてきました。日本の経済にゆとりがあるときにはばら撒き福祉という言葉が出てきた時代もあるようにさまざまな社会福祉制度が整えられてきましたが、経済が低迷してからは福祉に対しても厳しい状況が示されています。介護保険や、医療費の自己負担増加、支援費制度などは、その表れとも言えるでしょう。また、経済の低迷は、雇用の悪化を招き、それに対する合理化やリストラなどが行われ、今まで社会福祉は自分には関係ないと思っていた人びとも含め多くの人の生活を巻き込んでいきます。

④**政治**は福祉とどのように関係しているでしょうか。身近な例で考えてみましょう。現在の政治家の選挙活動を振り返ってみてください。どの候補者も社会福祉政策を必ず公約の中に入れています。国民の関心が福祉にある限り、政治と福祉を切り離して考えることはできません。また、さまざまな福祉制度を推進するためには政治力とのかかわりは大事です。

⑤**社会保障**は、社会福祉の大きな柱の一つです。今の日本が抱えている社会保障の問題は、大きく別けると二つ、年金問題と増加しつづける医療費です。年金問題は、自分が高齢者となった時にもらえるのだろうかという不安が広がる中、保険料の未払い者が増加しています。日本の高齢者に対する経済保障の中軸は年金です。未払い者の増加は無年金者を増やすことにつながります。また、ニートの出現も将来の無年金者層を増加させることになるかもしれません。日本の社会保障問題は、これからの日本の高齢化問題と大きなかかわりを持ってくるでしょう。

⑥**こども**に関する大きな関心はテレビや新聞などで報道されることも多くなった児童虐待でしょうか。しかし、こどもに関する問題は、これ以外にもいじめ、登校拒否、統合教育など、なかなか解決することが困難な問題を多く抱えています。こうしたすべてのこどもに関する問題を扱う場所が児童相談所です。児童相談所は、十八歳未満の障害者も含めすべての子供たちを扱う相談機関です。最近では犯罪の低年齢化、児童虐待など、取り扱いが困難な問題も増え、職員の増加が求められています。非行にかかわる少年の施設として、児童自立支援施設がありますが、これも社会福祉の施設になります。子供に関する施設はさまざまで、数も多く、社会福祉の取り扱いは大きなものです。

⑦**女性**に関しても、福祉はさまざまな形でかかわってきました。特に母子家庭に関しては母子生活支援施設を始め、入所施設以外でもさまざまな手当てを用意し、女性の自立を支えてきました。女性の社会進出に伴い、女性が働きながらも安心して子供を産み育てる保育所の充実は緊急課題となっています。また、ドメスティック・バイオレンスも今後の課題です。特に、子どものいる家庭でのドメスティック・バイオレンスは、児童虐待との重なりも考えられこれら両方に関わる対策が求められています。

⑧**障害**については、大きな社会福祉の分野のひとつに挙げられます。支援費制度ができたことで、障害者の自立は大きくクローズアップされたように思います。障害者福祉で大事な言葉はノーマライゼーションです。この言葉については後で詳しく説明しますが、この言葉が紹介されてから障害者に対する施策も変わってきました。日本は明治時代から、障害を持っている人を施設に入れることが障害者への援助の中心でした。この言葉の概念が広がるにつれ、男も女も、大人も子どもも、障害がある人も、貧困で苦しい人も、ともに地域で生活することの良さが言われるようになってきています。

⑨**医療**にかかわる福祉従事者として、病院に医療ソーシャルワーカーが少しずつですが置かれるようになって来ました。医療費抑制のもと、病院に入院できる期間も短くなってきました。退院後の生活を考えるためには地域にある、さまざまな福祉支援の方法を知っている人が必要になります。その役割を担うのが医療ソーシャルワーカーです。医療ソーシャルワーカーが退院援助に関わることで、患者さんやその家族がスムーズに転院や、在宅への移動ができるようになります。病院から在宅へ、あるいは施設への連携を考える上で、社会福祉の視点持った人が病院にいる意味は大きいといえます。

⑩**国際化**と社会福祉はどのように考えたらよいでしょうか。国際福祉の分野では、不法滞在者の医療費問題や、子供の人権に絡むような問題も多く見られます。現在もアジアの国から多くの女性が夜の仕事に就くために日本へ働きに来ています。中には日本の男性と結婚をする人もいます。そうした女性の中には、日本人の男性と結婚の約束をし、おなかに赤ちゃんができた人もいます。この女性が不法滞在者であれば、日本の男性とすぐに入籍することは難しくなります。不法滞在者の場合その事実がわかると、必ず本国に戻されることになっています。こうした人が日本に再度入国するためには、一年以上の月日が必要になります。こうした状況

下で、女性は自国で出産し、子供の国籍はその女性の国籍ということになります。再度日本に入国し結婚した場合、子供が日本国籍を取得するには膨大な時間を要します。こうした国籍取得にかかわるNPO団体や福祉関係者も多くいます。日本には数は多くありませんが、難民支援にかかわる人もいます。こうした視点から見ると、国際化と福祉も大きく関係しているのです。

⑪**高度情報化**により、私たちの生活は一変しました。そのひとつが情報の入手方法で、福祉情報のやり取りも変化してきました。ある重度の障害者は、自らが家から外に出ることは難しいけれどもネット上で自身のホームページを立ち上げることで多くの友人を得たことを語ってくれました。これはインターネットが物理的な距離を越えた新しいコミュニケーションの方法を提供したと考えてよいでしょう。また、阪神淡路大震災や、中越地震でもパソコン通信を用いたボランティアが活躍しています。また、こうした震災時、地域に生活している被災した障害者の存在をセルフヘルプグループがネット上で安否を確認し、現地に知らせ、こうした人々の生活をサポートするなど新たな福祉活動が成果をあげています。

⑫**環境問題**も社会福祉と関係しています。最近は地域の時代とも言われるようになってきました。こうした地域住民を支える手法にコミュニティワークがあります。コミュニティワークを実践する場が社会福祉協議会です。ごみ問題などは、地域住民自身が自ら地域環境を考え、活動していますが、ここに社会福祉協議会がかかわることで、地域全体の問題としてまとめることがより可能となってきます。こうしたことを通して地域は変わっていきます。こうした議論を通し、地域に住んでいる障害者などの存在が見え、これがノーマライゼーションへとつながっていくのです。

こうしてみていくと、社会福祉の問題は多岐にわたっています。今の日本社会では、生活に困難を持つ人はさまざまな年齢や社会階層に存在し、これらすべての人に対する社会福祉制度による支援が必要になってきました。日本の福祉の歴史を紐解くと、長い間、社会福祉の問題は貧困と結びついてきました。しかし、国が豊かになり、特に高齢者福祉の問題に私たちが直面することによって、社会福祉が特定の人が必要なものから誰にも平等に訪れるもの、特にすべての人に平等に訪れる「老い」の状況からいずれ自分にも必要になるものと社会福祉への国民の考え方が転換してきました。こうした社会福祉に対する考え方の変化、社会福祉制度の状況を前に、私たちは福祉をどのように捉えたらよいのでしょうか。次節で、「社会福祉」についてもう少し詳しく見ていきましょう。

Ⅱ　社会福祉を支える柱

社会福祉を支える柱とは何でしょうか。私たちの生活で社会福祉が必要になる場面を思い起こしてみましょう。社会福祉は、私たちが生活をしていく上で何らかの困難を生じたときにその解決を考えたり、あるいは困難の緩和を目指して展開されるものになります。また、これらの展開過程を見ると、問題は一人一人違い、その人にあった解決方法を考えなければなりません。こう考えていくと社会福祉は、問題を解決するための制度や政策、それに基づく、施設、組織、財源などの物理的な条件と、こうしたサービスを個々の利用者に合わせて、利用者にとって意味ある支援にしていくための技術と、こうした技術を体得して実際に利用者とかかわっていく担い手が必要になっていきます。

つまり、福祉が成り立つためには、制度や政策の側面とそれを具体化していくための社会福祉援助技術と、技術を持って制度などを実践していく援助者としてのソーシャルワーカーやケアワーカーといった担い手という三条件が必要になるといえるでしょう。

社会福祉の柱というのは基本的に、憲法二十五条で言われる基本的人権の尊重、ノーマライゼーション、自立、参加と連帯という四つの柱からできているといわれています。この二十五条では国民の基本的人権として

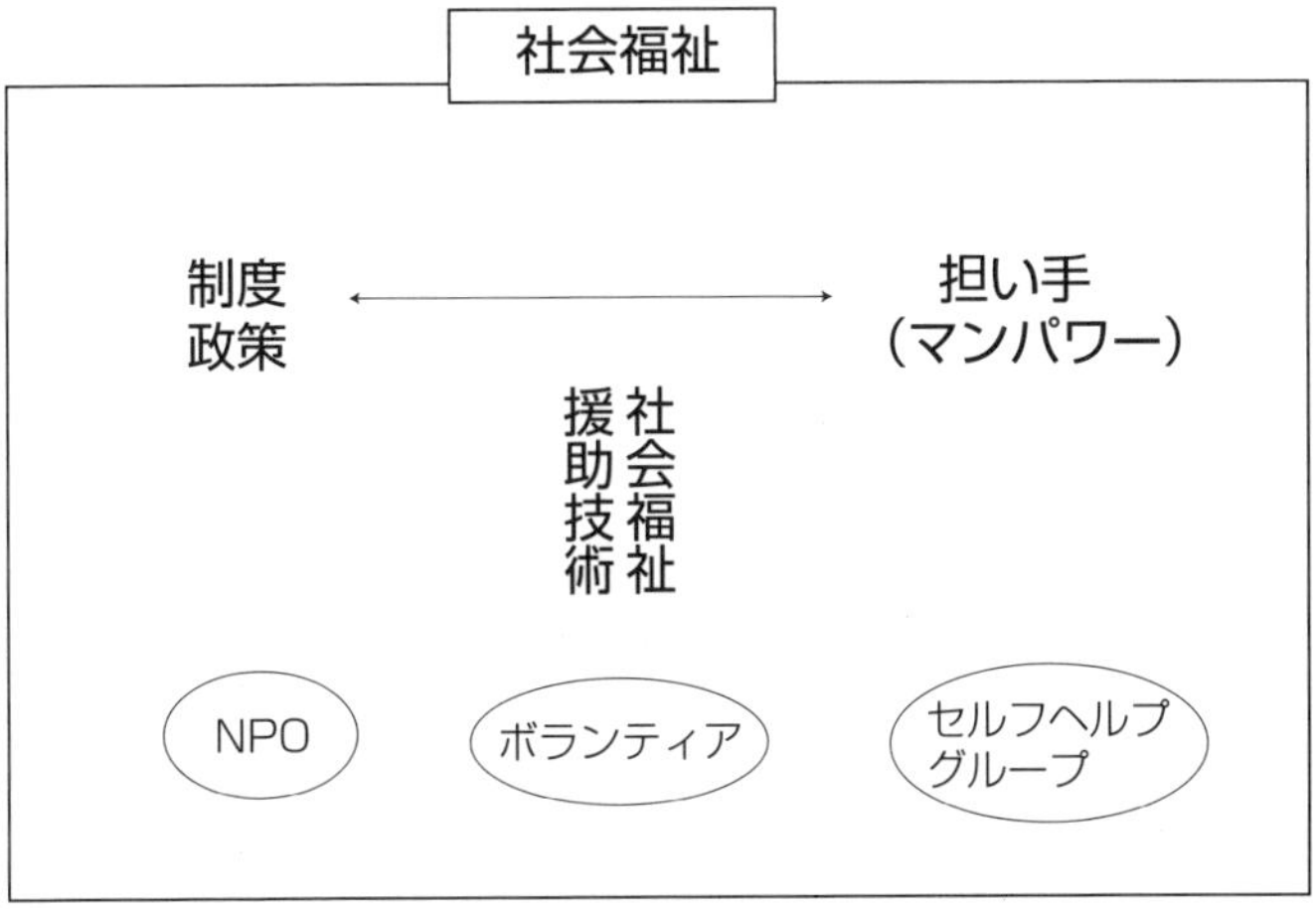

図1　社会福祉の柱

の「生存権」を保障すると共に、国の保障義務を表しているもので、今のさまざまな福祉政策の基盤とされています。

1　基本的人権の保障

憲法二十五条

すべての国民は、健康で文化的な最低限度の生活を営む権利を有する。

②国は、すべての生活部面について、社会福祉、社会保障及び公衆衛生の向上および増進に努めなければならない。

とあります。この条文の初めの部分は、国民の「生存権」の権利を示しており、②の部分では、国民の生存権に対する国家の義務を明示しています。

図2　社会福祉と関連政策との関係

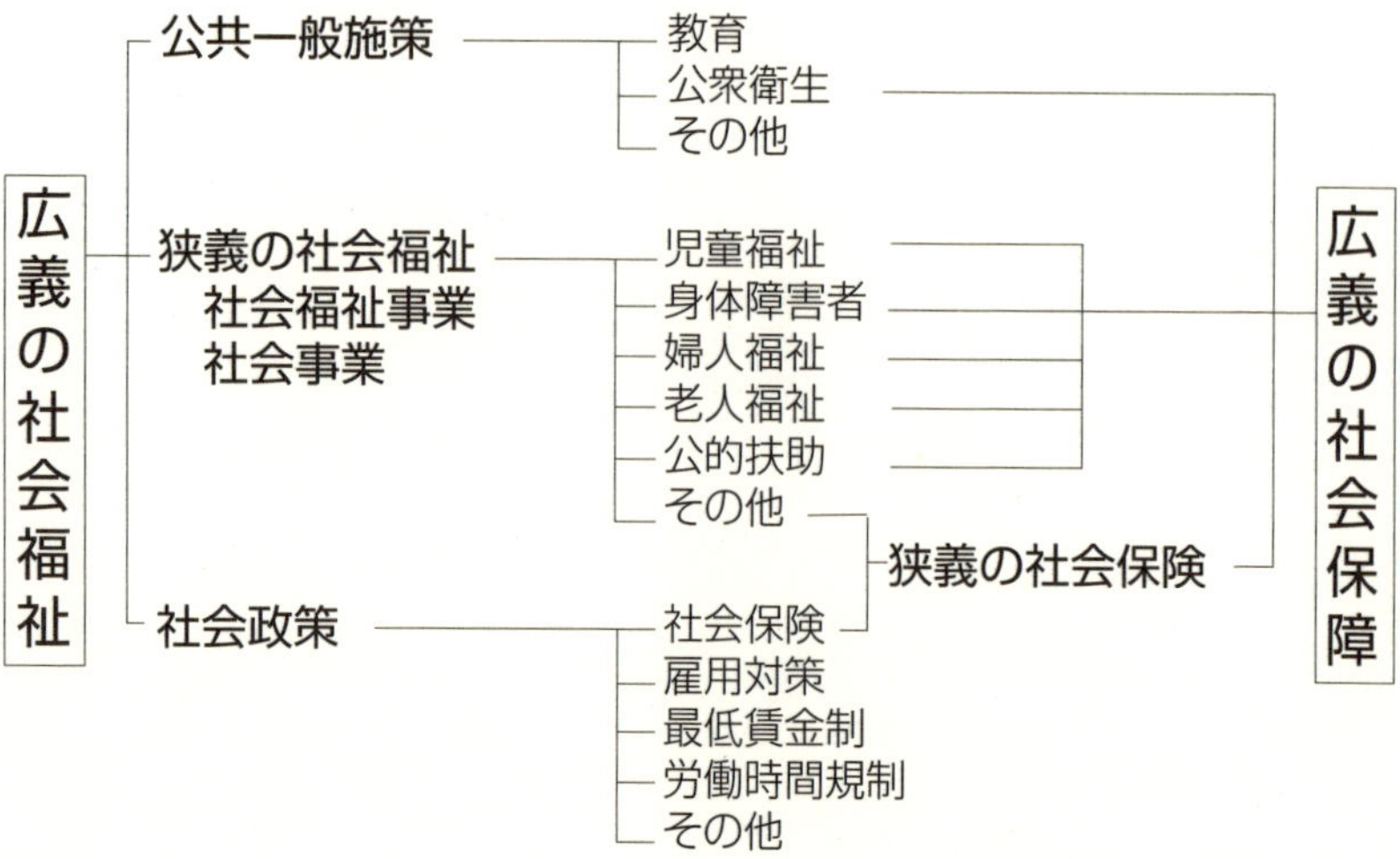

出典　小松源助他著『社会福祉』医学書院、一九九七年

社会福祉という言葉は、いつから使われるようになったか考えたことがあるでしょうか。この言葉は、戦前までは使われていませんでした。それまで、厚生事業、社会事業、慈善事業などの言葉が使われていたのです。戦後、GHQの指導の下、日本国憲法が作られたとき【Social Welfare】の訳語として社会福祉という言葉が登場しました。それがこの憲法二十五条なのです。日本は戦後すぐ、貧しい人たちの対策として生活保護法が昭和二十一年に作られています。それも、この二十五条がその基盤となっているのです。日本の福祉の法体系を考えるとき、憲法二十五条はその中軸にあるということを忘れることができません。

日本の社会福祉の体制は、戦後直後は日本が戦後貧しかったこともあり、社会福祉の枠組みを狭く定義してしまいました。図2でいう、狭義の社会福祉の部分になります。この狭い定義が

図3 憲法25条にもとづく社会保障関係法の分類

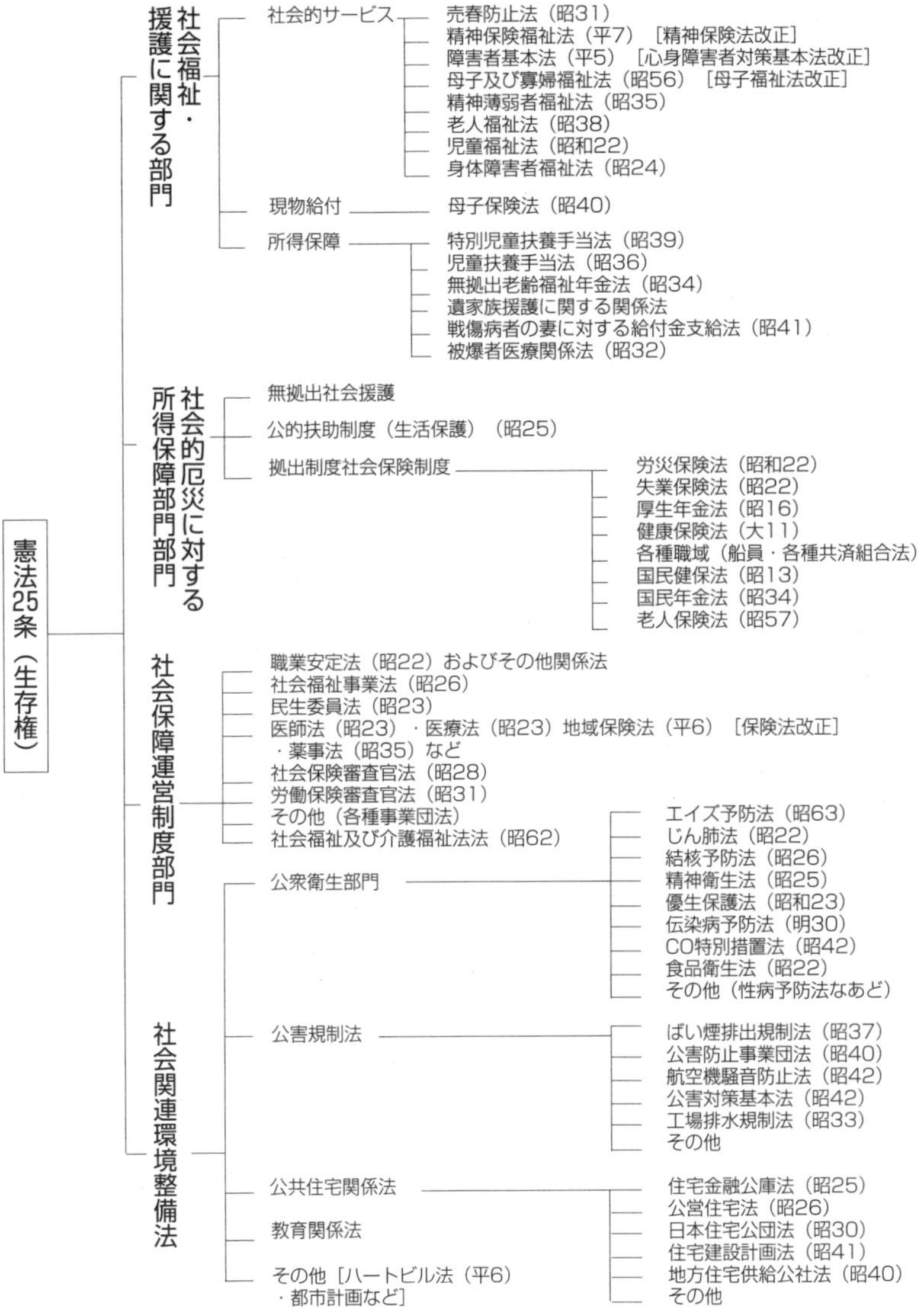
憲法25条（生存権）
社会福祉・援護に関する部門
社会的サービス
売春防止法（昭31）
精神保険福祉法（平7）［精神保険法改正］
障害者基本法（平5）［心身障害者対策基本法改正］
母子及び寡婦福祉法（昭56）［母子福祉法改正］
精神薄弱者福祉法（昭35）
老人福祉法（昭38）
児童福祉法（昭和22）
身体障害者福祉法（昭24）
現物給付
母子保険法（昭40）
所得保障
特別児童扶養手当法（昭39）
児童扶養手当法（昭36）
無拠出老齢福祉年金法（昭34）
遺家族援護に関する関係法
戦傷病者の妻に対する給付金支給法（昭41）
被爆者医療関係法（昭32）
社会的厄災に対する所得保障部門部門
無拠出社会援護
公的扶助制度（生活保護）（昭25）
拠出制度社会保険制度
労災保険法（昭和22）
失業保険法（昭22）
厚生年金法（昭16）
健康保険法（大11）
各種職域（船員・各種共済組合法）
国民健保法（昭13）
国民年金法（昭34）
老人保険法（昭57）
社会保障運営制度部門
職業安定法（昭22）およびその他関係法
社会福祉事業法（昭26）
民生委員法（昭23）
医師法（昭23）・医療法（昭23）地域保険法（平6）［保険法改正］
・薬事法（昭35）など
社会保険審査官法（昭28）
労働保険審査官法（昭31）
その他（各種事業団法）
社会福祉及び介護福祉法法（昭62）
社会関連環境整備法
公衆衛生部門
エイズ予防法（昭63）
じん肺法（昭22）
結核予防法（昭26）
精神衛生法（昭25）
優生保護法（昭和23）
伝染病予防法（明30）
CO特別措置法（昭42）
食品衛生法（昭22）
その他（性病予防法なあど）
公害規制法
ばい煙排出規制法（昭37）
公害防止事業団法（昭40）
航空機騒音防止法（昭42）
公害対策基本法（昭42）
工場排水規制法（昭33）
その他
公共住宅関係法
住宅金融公庫法（昭25）
公営住宅法（昭26）
日本住宅公団法（昭30）
住宅建設計画法（昭41）
地方住宅供給公社法（昭40）
その他
教育関係法
その他［ハートビル法（平6）
・都市計画など］

出典 片居木英人『社会福祉における人権と法』一橋出版、一九九六年を丹野が修正した。

明確になった文が、一九五〇年の「社会保障制度に関する」勧告です。それによって社会福祉は、社会保障、公衆衛生と並列的に例示されてしまったのです。

さて、この著書の文頭では、社会福祉を広く見ることをしてきました。このように社会福祉の裾野が広がったのはここ最近といえるでしょう。図3を見てください。現在は憲法二十五条を基本に、児童から高齢者、さまざまな人の生活の質を保つための法律がたくさん作られています。ここまで広がってきた背景には、社会情勢の変化、国民の社会福祉に関する考えの変化があります。日本の社会福祉の歴史は、日本の経済成長、そして国民のニーズによってさまざまな変化を見せて今の状況になったのです。

日本国憲法で、社会福祉にとってもうひとつ大事な条文を紹介しましょう。

憲法十三条

すべての国民は、個人として尊重される。生命、自由及び幸福追求に対する国民の権利については、公共の福祉に反しない限り、立法その他の国政の上で、最大の尊重を必要とする。

この憲法十三条は、幸福追求権といわれるものです。この十三条があることによって憲法二十五条基本的人権の尊重は、「国の裁量によって行われる社会福祉」ではなく、「国民がもつ権利としての社会福祉」に支援のレベルが上がっていくことができると解釈できます。そのことは、二十五条の条文の「最低限度の生活」の意味が、「健康で文化的な生活」をすごすことができるための社会福祉として、社会福祉の持つ中身や内容を豊かなものにするものとして捕らえることができます。つまり、国民一人一人の幸福追求を福祉の援助の中でも考えていく必要があると捉えることができるのです。

国民一人一人の幸福追求は、一人一人にとって意味ある快適な「生活の質」(QOL：quality of life)を保障するレベルを目指していくことが求められているのです。こうした生活の質を伴った福祉は、社会福祉のサービス水準を、戦後直後に考えられてきた「最低基準」の考えを越え、さまざまな人に対して、個別的なその人にとっての「最適」を確保、実現することを意味します。現代の社会において社会福祉を考えるときは、憲法二十五条と十三条を共に見ながら「人間らしく、自分らしく生きる権利」としての社会福祉として捉える視点が大事になってきます。こうした視点の基礎が、利用者の支援を考えるときの大事なベースとなるわけです。

2　ノーマライゼーション

ノーマライゼーションという言葉を聞いたことがある人は多いかもしれません。しかし、その意味をきちんと理解しているかということまで含めて考えると、認知度は低くなってしまうかもしれません。ここでは、ノーマライゼーションという考えが、どのように起こり、日本にわたってきたのかについて少し説明しましょう。

ノーマライゼーションは一九五九年、デンマークにおいて精神遅滞法の中で使われました。これは「ノーマライゼーション」という言葉が世界で初めて法律の中に組み込まれた画期的なものでした。その経緯を説明すると、当時のデンマークにおける知的障害者への処遇を見る必要が出てきます。デンマークでは、一八五五年に一人の医師の努力により、大勢の若い知的障害者が集められ、彼らが生活する施設と学校が作られました。

こうした学校を作った当時、ヨーロッパの精神医学と教育学の影響を受け、知的障害は治癒するという楽観的な考えを持っていたといわれています。しかし、何年か訓練を施しますが、どのように治療、訓練しても、知的障害者の誰一人治癒するものはなく、知的障害は治癒するという考えはなくなりました。しかし、その後も学校は閉鎖されることはなく、知的障害者の施設として入所者の入所目的は治療から保護された生活へと変わっていきます。戦後はこうした施設が公立でも民間でも数多く作られ、中には一五〇〇床を越える巨大な施設までありました。こうした施設の多くは、都市から離れたところに作られ、入所者は閉鎖的な生活を余儀なくされました。また、優勢思想の影響で、優生手術を無差別に実施するようなこともありました。このような対応についてこうした施設の入所している知的障害者の家族は疑問や問題を感じるようになりました。その結果、親や家族が協力して何とかこの状況を改善したいという運動が始まり、一九五一年から一九五二年にかけて『知的障害者の親の会』が発足しました。親の会は、入所者数の数を小規模に減らした施設作り、施設の場所を親などが住んでいる地域に作ること、ほかの子供たちのように教育を受ける機会を与えることなどを活動目標に掲げて要望を打ち出していきました。こうした親の要望にこたえたのが、当時、社会省の担当者であったバンク・ミケルセン（N.E.Bank-Mikkelsen）でした。

バンク・ミケルセンは第二次世界大戦、デンマークがナチスによって占領されたとき、レジスタンス活動をして捕らえられ、強制収容所に入れられた経験を持っていました。後に(1)「強制収容所で生活していた三カ月間、人間の生と死、そして人間の生活のこと、また平和と戦争のことを深く考えさせられた」と語っています。そして、こうした強制収容所の体験を通し、すべての人が人間として生活する権利を持っていることを強く感じ、その権利が実現することを願っていました。

ミケルセンは、「知的障害者の親の会」の考え方に共鳴し、活動を開始します。その結果親の会の意見を取り入れたミケルセンの考えがほとんど盛り込まれた「精神遅滞法」が一九五九年に制定されたのです。この法律の中で、知的障害者の生活を可能な限り通常の生活に近づけるようすることという文言が記されました。「ノーマライゼーション」はこうした親の会などの運動によって生み出されたもので、「知的障害者も他の市民と同じ生活を歩む権利・義務を有している」という考えから出発したものなのです。

この法律の制定により、知的障害者福祉行政は一新されました。また、デンマーク国内ばかりではなく、世界の福祉の潮流も変えたといわれています。つまり、知的障害者からはじまった、市民権を実質的に保障する考え方は、障害者全体に広がり、最近では障害者に限らず、マイノリティ（老人、女性、少数民族など）への適用も考えられるようになってきています。

さて、日本にはいつごろこのノーマライゼーションの考えが入ってきたのでしょうか。わが国では、一九七〇年代半ばから知的障害の分野でノーマライゼーションという概念が使われるようになりました。そして、一九八一（昭和五十六）年の国際障害者年を機に広くこの概念が知られることになりました。人は地域社会で暮らしてはじめて、基本的な欲求が充足できるというノーマライゼーションの考え方は、貧困者や障害者が地域から隔離され、保護される処遇が中心とされる今までの考えからの転換となりました。地域で共に暮らすこと、それがノーマルな社会なのだと考えることが大事です。また、教育、雇用、文化的活動などから締め出してはならないのです。

ノーマライゼーションの考えは、一九九五年に総理府が発表した「障害者プラン」の副題の中でも使われており、今の障害者施策の基本的指針を示す理念となっているなど、現在の福祉の考え方の中核を担っています。

3　自立

自立という言葉を聞くとどのようなことを想像するでしょうか。一人暮らしをすること、自活して生活すること、金銭的に自立することなどを考える人が多いかもしれません。しかし、社会福祉で考える自立とはこうした考えにとどまりません。

社会福祉の支援の基本は「自立」支援です。これは、サービス利用者が可能な限りの自立を獲得することになります。サービス利用者にはさまざまな状況の方がいます。社会福祉の考える自立とは、「自分の人生を自分で決めていくこと」ということに集約されるのではないでしょか。だれでも人は自分の人生は自分が舵を取り、日々の生活や生き方の決定は自分が納得して決めたいと思うのではないでしょうか。

しかし、障害を持っているがため、また、高齢者だからと自ら決定するのではなく、回りの都合が優先され決定されたり、自ら決定しようとしてもその機会を逸してしまう現実は見受けられます。たとえば、「障害者の一人暮らしは危ないから、施設に入所しているほうがいい」とか、「介護が必要になったから子供と同居するべきだ」などと決めることは、一見その人のことを案じて決めてるように見えます。でも、よく考えるとこれらの決定は、周囲の都合が優先されてはいないでしょうか。

つまり、社会福祉で言う「自立」とは自分の生き方、自分の人生を自分で決められるように、そして、それを表明できるように支援することが求められるのです。厳しく言えば、自立支援を打ち立てるには、援助の利用者に対して自己決定と意思表明を迫ることになるのです。自分らしい生き方を求めて選択する自由は、自分の望むことを明確に表現する力を持つことも大事になります。

こうした話をすると、「なんでもしたいことを言えばいいので、わがままが許されることでしょうか」と問いかけたくなります。そこで大事になるのが、意思表明と共に求められる「自己責任」という考え方です。意思表明がわがままにならないためには、自分の表明したこと、あるいは自分が決定したことに対して自己責任を持つことも求められるのです。それらが一体となって初めて「自立」の原則が打ち立てられることになります。

4　参加と連帯

「ノーマライゼーション」、「自立」と考えて来ると、どんな障害を抱えていようが、あらゆる人が地域で共に生活する事が大事になってきます。そこで次に考えることは、地域社会で共に暮らすためには、さまざまな人が連帯して共に生きる社会の実現に向けて自らも参加することが求められます。人間は一人として同じ人はいません。多くの違いを持っています。そうした異質なもの同士がその違いを認め合い、ともに生きることを抜きに地域でのノーマルな生活は望めません。利益を優先するばかりに障害者を排除する社会は、決して誰もが暮らしやすい社会とはなりえないのです。さまざまな人が参加し連帯することに障害があれば、それを取り除く努力をしなければなりません。参加と連帯の考え方は、連帯できる地盤をつくることも大切な概念となってきます。そして、連帯するためには、自分の意思を表明する「自立」の考えが前提です。自立する主体者が自ら行動を起こすことも大事です。そうしたつながりが、真の連帯を生むことになります。

つまり、自立と参加と連帯が相互に補完し支えあう中で、ノーマルな生活は成り立つのであり、ノーマライゼーションの実現へと近づくのです。

Ⅲ　社会福祉援助技術（ソーシャルワーク）を学ぶ意味

社会福祉の現場で、ソーシャルワーカーたちは困難を抱え、援助を必要とする状況に陥った人に、その人自身で問題解決ができるようにさまざま資源を導入しながら支援していきます。利用者の抱える困難とはどういうことを言うのでしょうか。生活上起きる問題はすべて福祉問題なのでしょうか。

生活上の出来事で困ったことは必ずしも福祉問題ということではありません。人は誰でも、生活をしていれば、いろいろな問題にぶつかります。多くの場合その問題に自ら立ち向かい、あるいは他の人の助けを借りながら問題が解決されるものも多くあります。そういう問題を福祉問題とは捉えることができません。

ソーシャルワーカーの支援が必要な問題とは、自分自ら問題解決しようと努力しても問題が解決できず、その人らしい生活が送れない場合などが福祉問題となります。また、一見すると何の問題もなく生活している人であっても、その人の自己実現が満たされていない場合も、それは福祉問題となります。こうした福祉問題を解決するためには、さまざまな技術、理論が用いられます。ソーシャルワーカーは専門職としての技術を駆使し、問題解決へと支援するのです。最近の援助の理論としては、エンパワーメントやエコロジカルアプローチなどが主流となっています。

図4.　社会福祉援助技術（ソーシャルワーク）の体系

1　直接援助技術
(1) 個別援助技術（ケースワーク）
(2) 集団援助技術（グループワーク）

2　間接援助技術
(1) 地域援助技術（コミュニティワーク）
(2) 社会福祉調査法（ソーシャルワーク・リサーチ）
(3) 社会福祉運営管理（ソーシャルアドミニストレーション）
(4) 社会福祉計画法（ソーシャルプランニング）
(5) 社会活動法（ソーシャルアクション）

3　関連援助技術
(1) ネットワーク
(2) ケアマネージメント
(3) スーパービジョン
(4) カウンセリング
(5) コンサルテーション

エンパワーメントは、近年注目されている利用者に対する考え方の一つで、利用者が①力を失っている自分の状態に気づくこと、②利用できる社会資源の知識を得ること、③自分と社会との関係を見直すこと、④問題解決の技術を見につけることができるよう支援するという、援助の考え方です。これを実現するためには、①利用者の個別性を尊重しながら、パートナーとしての関係を作ること、②利用者の尊厳と価値を尊重しながら、課題の焦点を支持し続けること、③問題解決の学習の場として、利用者に自己決定の機会を提供することといった技術がソーシャルワーカーに求められます。

1　社会福祉援助技術とは

こうした支援をソーシャルワーカーが行うためには、社会福祉援助技術（ソーシャルワーク）を学ぶことが必要になります。ソーシャルワークには、利用者に直接働きかけて援助している直接援助技術と、社会福祉の実践や援助活動が展開しやすいように、間接的に支援していくための間接援助技術、社会福祉独自の技術ではないが、関連した技術を用いて支援する、関連援助技術の三つに分けることができます。

直接援助技術には、個別援助技術（ケースワーク）、集団援助技術（グループワーク）、間接援助技術には地域援助技術（コミュニティワーク）、社会福祉調査法（ソーシャルワークリサーチ）、社会福祉運営管理（ソーシャルアドミニストレーション）、社会福祉計画法（ソーシャルプランニング）、社会活動法（ソーシャルアクション）があります。また、関連技術としてカウンセリングや、心理療法などがあります。

個別援助技術は、利用者一人もしくはその家族に対してソーシャルワーカーが面接などを通して問題解決に導く手法のことを言います。集団援助技術は、小家族あるいは五～二〇人くらいのグループに対して、ソーシャルワーカーが関わる手法のことを言います。集団援助技術は、グループなどに対してソーシャルワーカーが直接かかわりながらグループの中の個人を支援したり、グループ自体の成長を促すように援助を進めていきます。これらは、ソーシャルワーカーが利用者やその家族などに直接会い、かかわりながら勧めていく手法のため、直接援助技術という言葉が使われています。

地域援助技術は、代表的には社会福祉協議会がその機能の中核をなすものとして地域を動かす手法のことを言います。ここでのソーシャルワーカーの動きは直接住民にかかわるというよりは、間接的にかかわることになります。社会福祉調査法は、市町村などの福祉計画を立てる場合を思い出してください。その市町村で必要な社会福祉の計画を作ろうと思った場合に、市町村の中で福祉的ケアが必要な人が実際どのくらいいるのか、また、どのようなケアを望んでいるのかわかることが必要になります。つまり、住民のニーズを見つける必要があり、それらの調査の手法が社会福祉調査法となります。社会福祉運営管理は、福祉施設の運営についての手法です。社会福祉計画法は、社会福祉調査で挙がったニーズや問題点を整理し、それを福祉計画に持っていく手法のことを言います。社会活動法は、充実した福祉制度にするためにさまざまな機関に働きかける手法です。実際、現在ある社会福祉制度だけですべての福祉ニーズを満足させることはできません。社会福祉調査で挙がったすべてのニーズが、援助計画へと結びつくわけではありません。例えば、日本には、稀少難病と呼ばれる障害を持った人たちがいます。一〇万人に一人、あるいは、日本全国で二〇人程度しかいない病気の人もいるのです。彼らも、医療費の控除などを受けたいと思っているかもしれません。多くの疾病を持つ人たちは、そのニーズを集団で訴えることは可能ですが、稀少難病の患者は、そうした集団を作ることが難しく、そこで社会活動法の手腕が問われてくるのです。地域援助技術から社会活動法まで、そこでのソーシャルワーカーは、直接利用者とかかわるというよりは、さまざまな状況を知るべく調査も開始します。そのため、これらの技術は、利用者に直接かかわることによって生じるのではなく、間接的にかかわりながら支援していく手法のため、間接援助技術といわれます。

個別援助技術（ケースワーク）を行い、福祉ニーズを抱えた人に対して個別的な支援を行うとき、ソーシャルワーカーは、面接を行います。面接を通してその人の抱えたニーズを調べ、そのニーズにあった福祉サービスを提供します。利用者にあった福祉サービスを導入するためには、サービスを必要としている人が、どのような問題を抱えているのかについて把握することが必要になります。ソーシャルワーカーは、ニーズを持った人から詳しく話を聞き、その中で問題点を明確にします。このように話を聞くためには、面接技術、特に、カウンセリング技術を理解していることが求められます。カウンセリングは社会福祉の手法ではなく、心理学となります。このように、他の学問の手法を社会福祉の援助に応用する、こうした技術を関連技術としています。

ソーシャルワーカーは、直接援助技術、間接援助技術、関連援助技術を学び、問題を抱えた利用者に対してその人がその人らしく生きられるように支援していくのです。

2 ソーシャルワーカー（社会福祉従事者）に求められるもの

ソーシャルワーカーが利用者に援助するためには、さまざまな技術があることを述べてきました。こうした技術は、ソーシャルワーカーが利用者の支援を考え、互いに目標を定め援助を達成していくためには不可欠な技術です。援助はただ目標なく行われるのではなく、利用者とソーシャルワーカーの中である一定の目標を定め、ゴールに向かって一定の手順にしたがって行われるべきものなのです。

そのため、ソーシャルワーカーは、援助者としての基本的な視点を学ぶと共に、利用者の問題解決に必要なさまざまな援助技術（ソーシャルワーク）を学ばなければならないのです。

ソーシャルワークの技術はその技術を体得し、それを活用するということでは他の学問、科学と同じです。しかし、ソーシャルワークは、人が人を相手にして展開していく技術となります。ソーシャルワークという技術を学び体得した人が、専門的自己（professionl self）を駆使して人にかかわり、働きかけるというきわめて属人的な技術の意味合いを持っています。簡単に言うとソーシャルワーカーの「技」としてのウエイトが高い技術なのです。

人と人とのかかわりのため、ある一人の利用者に対してAソーシャルワーカーとBソーシャルワーカーが関わったとして、その援助の最終目標は同じになりますが、そこに向かう過程は、AとBでは違う場合が出てくるのです。人とのかかわりで考えれば、マクドナルドでハンバーガーを頼んだ場合は、店員一人一人の技量の差によりやり方が変わってくるということはありません。しかし、社会福祉の援助の場合は、ソーシャルワーカーの技量の差や、ソーシャワーカーと利用者の関係性や信頼関係の差により変わってくる場合が出てくるのです。そのため、ソーシャルワーカーの援助者としての姿勢が常に問われることになります。社会福祉援助技術は、ソーシャルワーカーが直接利用者とかかわって、利用者の自己実現を達成するために支援する手段や方法であるため、利用者にかかわるソーシャルワーカーの意図や、援助に対する動機などに大きく左右されるという性格を持っています。

具体的に考えて見ましょう。社会福祉を学びたいと思った学生の福祉への動機はさまざまです。たとえば、自分が小学生や中学生だったころ、自分の母親が、祖父母の介護に追われているのを見てきた学生がいるとしましょう。学生の母親が自宅介護を続けていたとき、学生は自分が小さいため、あるいは受験などの勉強を優先するために母親の手伝いができなかったことから、自分の母のように頑張って介護している人の手助けをしたいと思って社会福祉を学ぼうという動機を持った学生がいるとします。その学生が、高齢者分野で実習するときに犯しやすい失敗があります。学生が自分の福祉への動機についてあまり意識せずに実習に行った場合に陥るわなは、自分が小さいときに親を手伝って介護できなかった、あるいは大好きだったのに最後は関われなかった祖父母に似たような人、あるいは祖父母に雰囲気が似たような人と実習先で出会った場合に、学生本人は無意識に祖父母に似た利用者にかかわりたくなってしまうのです。社会福祉援助は自立支援ですので、利用者のできることには手を貸さず、見守ることも大事な援助ですが、見守ることができず、つい世話を焼きたくなってしまうのです。あるいは、利用者ができるといっても手を貸してしまいたくなるのです。こうした無意識の行為は、自分が小さいころ祖父母に対してできなかったことの変わりを、利用者を通して行おうとしていると考えることができます。また、別の例では、ソーシャルワーカーの所に、お年寄りの施設入所の相談をしに来た人を見ているときに、自分の母はもっと大変な状況だったはずなのにずっと在宅で介護してきた。何でこの人は在宅介護を続けないのだろうと相談に来た方を批判したくなってしまう感情が沸く場合もあります。また、在宅介護を継続するように勧めたくなってしまうこともあります。こうした失敗は、学生が、自分がどのような理由で社会福祉を学びたいと思ったのかその動機について客観的に考えられるようになっていれば避けることができます。自分の社会福祉への動機を知っていることは、祖父母と似た利用者を出会って、関わりたくなってしまう自分に気付き、一歩引いて相手を見ること、関わることができるようになるからです。また、母親と利用者の置かれた状況を比較しても、母親側に立つのではなく、利用者の視線で物事を考えることが可能となってきます。

社会福祉援助技術は、それを活用するソーシャルワーカーの「意図・態度・価値・倫理・姿勢」にかなり大きく左右される可能性が出てくるということです。そのため、ソーシャルワーカーが仕事をする上で、ソーシャルワーカーの倫理要綱や自分のソーシャルワーカーとしての仕事を絶えず見つめるためのスーパービジョンを受けるという作業がとても重要になります。

そのため、ソーシャルワーカーを目指す人や、実際に社会福祉従事者になった人は、まず、自分の社会福祉への動機を明確にし、意識化しておく必要があります。その上に、社会福祉の専門性としての知識や価値、技能を身につけることでソーシャルワーカー（社会福祉従事者）としての専門家にふさわしい条件が整えられたといえるのではないでしょうか。

おわりに

「福祉は人なり」という言葉があります。どのように社会福祉制度を整備し、構築したとしても、それを利用する利用者に対して関わる援助者（社会福祉従事者）が良い資質を持って関わらなければ社会福祉制度が上手に活用されることは難しくなります。そのため、社会福祉士あるいは介護福祉士を育てる養成過程においては、豊かな人間関係の形成や、さまざまな生活体験を積むことが重要になります。ソーシャルワーカーを目指す人は、さまざまなボランティア活動や実習などを通し、多くの利用者にかかわり、抱えている生活問題や生活障害に触れていく努力をしていただきたいと思います。または、多くの小説や特に、障害を抱えた当事者の書いた手記などを積極的に読むことでその障害者の生活や感情、思いを知ることも大事になります。

さまざまな人と関われるソーシャルワーカーの仕事はとても魅力的です。ソーシャルワーカーは関わりを持った利用者を支援するのみならず、利用者からも多くのことを学ぶことができます。しかし、その魅力を持った分、さまざまな利用者に誠実に関わることの難しさもあるのです。

ソーシャルワーカーは、常に勉強しなければなりません。ソーシャルワーカーになりたてだから勉強するとか、ベテランになったら勉強しなくていいということではありません。自分の価値、倫理観などは社会変化や生活変化などを通して変わっていくものです。どんなベテランであっても自分を見つめるための、また、困難な状況に陥った利用者を支えるためにも勉強が必要です。

ソーシャルワーカーは、人の人生に関わる大事な仕事です。場合によっては、人の命をも見据えながら支援をしていきます。こうした専門職としての活動は多くの技術によって支えられていきます。援助者として活用できる社会福祉援助技術を身につけるためにはさまざまな理論を学ぶこと、自分自身を理解し客観的な態度を身につけることが求められます。これはとても難しいことかもしれません。しかし、その分やりがいのある魅力的な仕事がソーシャルワーカーです。

【引用文献】

(1) 花村春樹訳・著『「ノーマリゼーションの父」N・E・バンク・ミケルセン』ミネルヴァ書房、一九九四年、七十三頁。

【参考文献】

大久保秀子『社会福祉とは何か』一橋出版、一九九六年。

片居木英人『社会福祉における人権と法』一橋出版、一九九六年。

精神保健福祉士養成セミナー編集委員会『社会福祉原論』へるす出版、一九九八年。

佐藤進『社会福祉の法と行財政』勁草書房、一九八〇年。

花村春樹訳・著『「ノーマリゼーションの父」N・E・バンク・ミケルセン』ミネルヴァ書房、一九九四年。

知的障害者が地域で暮らす

―知的障害者の高齢化に対する社会福祉の課題―

藏野　ともみ

I　わが国の知的障害者の高齢化の動向

1　知的障害者の現状

知的障害者福祉法は「知的障害者」についての明確な定義を設けていない。ただし、平成十二（二〇〇〇）年九月に実施された厚生労働省「知的障害児（者）基礎調査」では、知的障害者の定義として次のように規定している。すなわち「知的機能の障害が発達期（概ね十八歳まで）にあらわれ、日常生活に支障が生じているため、何らかの特別の援助を必要とする状態にあるもの」とされている。この中の「知的機能の障害」の判定基準は、「標準化された知能検査で知能指数が概ね七〇までのもの」とされ、「日常生活の支障」は、自立機能、運動機能、意志交換、探索操作、移動、生活文化、職業等の日常生活能力の達成水準を、総合的に同年齢の達成水準と比較して判定している。

平成十二年の知的障害児(者)基礎調査、平成十一年の社会福祉施設等調査によると、わが国の知的障害児・者の総数は、約四五万五五〇〇人（表1）とされている。そのうち十八歳未満は一〇万二二〇〇人、十八歳以上が三三万八九〇〇人と推計されている。

また、在宅の知的障害児・者の推移を過去の調査結果と比較をすると、平成十二年の知的障害児（者）基礎

表1　わが国の知的障害者数の推移　　（単位：人）

	総数	在宅	施設入所
総数	455,500 (100%)	329,200 (100%)	126,300 (100%)
18歳未満	102,200 (22.4)	93,600 (28.4)	8,600 (6.8)
18歳以上	338,900 (74.4)	221,200 (67.2)	117,700 (93.2)
不詳	14,400 (3.2)	14,400 (4.4)	－（－）

厚生労働省「知的障害児（者）基礎調査」（平成12年）
「社会福祉施設等調査」（平成11年）を参考に作成

調査では三二万九二〇〇人と推計されているが、五年前の平成七年度の精神薄弱児（者）基礎調査では、在宅の知的障害者は二九万七一〇〇人であり、五年間で三万二一〇〇人増えていることになる（表2）。

障害の程度については、十八歳以上の在宅の知的障害者の障害程度状況をみると「重度」の者が最も多く二七・〇%、次いで「中度」が二五・九%、「軽度」が二三・六%、「最重度」が一二・一%という結果が、平成十二年度の知的障害児（者）基礎調査（表3）により示されている。

2　わが国の高齢化の動向

わが国の人口変動の課題は、人口の高齢化と世帯規模の縮小、女性の雇用機会の拡大、扶養意識の変化等による家庭での介護能力の低下などにより、その複雑さを増してきている。六十五歳以上の老齢人口は昭和二十五（一九五〇）年に総人口の四・九%であったものが、昭和五十五（一九八一）年には九・一%、平成

表2　年齢階級別の知的障害者（在宅）数　（単位：人）

	7年総数	12年総数	12年男	12年女	12年不詳
総数	297,100	329,200	184,500	130,900	13,800
18歳未満	85,600	93,600	58,900	34,100	600
18歳以上	195,300	221,200	124,000	94,600	2,600
18～19歳	16,400	15,600	10,000	5,600	–
20～29歳	77,500	79,800	45,500	33,500	800
30～39歳	34,200	50,700	27,700	22,100	1,000
40～49歳	33,800	37,700	21,300	16,200	200
50～59歳	19,700	22,500	12,400	9,600	400
60～69歳	6,100	5,600	2,600	3,000	–
65歳以上	7,600	9,200	4,400	4,600	200
不詳	16,200	14,400	1,600	2,200	10,600

厚生省「精神薄弱児（者）基礎調査」（平成7年）
厚生労働省「知的障害児（者）基礎調査」（平成12年）を参考に作成

十三（二〇〇一）年には二二八七万人で十八・〇％を占めている。更に、今後も多少の変動を伴いながら増加を続け、平成三十七（二〇二五）年には三四七三万人で二八・七％、平成六十二（二〇五〇）年には三五八六万人で三五・七％に達するものと推計されている(1)。一九七〇年に高齢化率七％を超えて高齢化社会となり、一九九四年には一四％を超えて高齢社会となった。わずか二十五年弱の間に高齢化社会から高齢社会へと移ったことになる。このようにわが国の人口の高齢化は世界に例をみない速さで進行している。

　戦後、わが国の出生率は、一時的にベビーブームにより上昇したが、昭和二十年代後半から急速に低下し、昭和三十年ごろには西欧諸国並みの水準となった。この出生率の低下と中高年齢層の死亡率低下によって、老齢人口は増加の一途をたどることとなったのである。

　このように、わが国の高齢化が急速に進む中、知的障害者においても例外なく高齢化が進んでいると言わ

表3　18歳以上の在宅の知的障害者の年齢階層別障害程度状況
（単位：人　（）内は構成比%）

	総数	最重度	重度	中度	軽度	不詳
総数	221,200 (100.0)	26,700 (12.1)	59,700 (27.0)	57,400 (25.9)	52,100 (23.6)	25,300 (11.4)
18～19歳	15,600	2,200	4,400	3,400	4,800	800
20～29歳	79,800	12,000	24,100	19,000	18,000	6,600
30～39歳	50,700	5,600	12,000	12,000	13,200	7,000
40～49歳	37,700	3,400	9,400	9,800	9,800	5,200
50～59歳	22,500	2,000	6,200	6,800	4,200	3,200
60～64歳	5,600	800	1,400	1,800	1,000	600
65歳以上	9,200	600	2,200	3,600	1,000	1,800

出典：厚生労働省「知的障害児（者）基礎調査」（平成12年）

れている。

東京都では平成六（一九九四）年に今後の人口予想を立てており、六十歳以上の知的障害者が平成十六年（二〇〇四）年には約三、三〇〇人（二十歳以上の総数の九・六%）と一九九四年から十年で二倍以上に増え、さらにその二十年後の平成二十六年（二〇一四）年には約八、五〇〇人（同じく二一・七%）と二十年間で五倍以上になると見込まれている（表4）。

3　知的障害者の高齢化の意味するものとは何か

現在のわが国における老齢年金、老人福祉施設入所の年齢基準は、関連法によると六十五歳と定められている。また、定年制については多くの企業が六十歳としている。この基準については先進諸国に共通する。知的な障害がある場合、五歳ほど遡って入所が考慮されている。

一方、アメリカ精神遅滞協会（AAMR）では、知的障害者の老年の始まりは、五十五歳を下限として定

表4　東京都による知的障害者の年代別構成推計（20歳以上）　（単位：人）

	20歳以上の総数	20〜29	30〜39	40〜49	50〜59	60〜69	70〜
1994年（構成比）	27,300人	12,600 (46.2)	6,200 (22.7)	5,100 (18.7)	2,300 (8.4)	900 (3.3)	200 (0.7)
2004年（構成比）	35,200人	7,900 (22.4)	12,600 (35.9)	6,200 (17.6)	5,100 (14.5)	2,300 (6.5)	1,100 (3.1)
2014年（構成比）	39,100人	3,900 (10.0)	7,900 (20.2)	12,600 (32.2)	6,200 (15.9)	5,100 (13.0)	3,400 (8.7)

出典：平成6年度東京都社会福祉基礎調査

めている。この年齢が定められた事由としては、分類ミスの頻度を最小限にとどめるとの判断をあげている。なお、ダウン症等の特殊型の「早い老化徴候」を示す人たちについては、この五十五歳の年齢使用から除外されている。また、厚生省（現……厚生労働省）や自治体レベルで検討が重ねられ「四十歳代からの高齢化対応」も指摘されていた。しかしわが国の場合には、厚生省心身障害研究や東京都老人総合研究所の報告から、老年の始まりは六十歳との知見が示されているようである。

知的障害があるからと言って基本的には一般の人とは異なった加齢の変化があるとは考えられない。ただ、知的障害者は先天的な重複の障害をもつ人が多く、障害と併せ持つ疾病などの関係からも、おおよその人たちは五十歳代後半か六十歳代から、運動機能や移動能力の低下がみられる。六十代後半からは老人特有の精神症状発現の頻度も多くなる。しかし、このように六十歳代から機能の低下が見られるのは一般高齢者も同じことで、特に知的障害者だからとは言えないとも言われている(2)。ただし知的障害者の場合、老化には大きな個人差があることは否定できない。

また、次のような指摘もされている(3)。

①障害程度別では、四十歳以降は障害が重くなるほど早期から老化現象を呈す傾向があり、男女別では女性の方が早くから老化が進む。

②知的障害者の高齢化については、医療技術が進み適切な生活環境が保障されれば、以前言われていたほどに短命でもなく、極端に早く老化も進まない。

③早期老化の度合いは、基礎疾患、環境、障害の程度等で大きく異なり、相当な個人差がある。

さらに東京都では、老化には個人差があり、年齢を定めることは難しいとしながらも、あえて知的障害者の高齢化対応を、「現在の四十歳以降を中心に施策を考えていく必要がある」と述べている。この理由として、次のことが指摘されている(4)。

①個々の生活場面において変化が現れ始めるのが四十歳位である。

②十〜二十年後を想定する場合、現状の四十歳位からを視野に入れておく必要がある。

③保護者の高齢化を見過ごすことはできないので、今の四十歳以降を中心に施策を考えていく必要がある。

また、滝本は高齢知的障害者のソーシャルサポートについて検討していくうえで、次のような考えを示している。

①四十歳から六十四歳までの時期……知的障害者の早期老化などいわゆる「高齢化」問題を論議する時期。知的障害者早期老化問題の一層の論議を進め、いかに援助のありかを考えていくべきか検討する時期。

②六十五歳以降の時期……知的障害をもった「高齢者」の介護とQOLを検討する時期。この時期は特に一般高齢者へのサービスとの統合を進め、その整合性を検討する時期。

当分はこの二つを使い分けて検討していくのがよいとしている(5)。以上、知的障害者の高齢年齢については多くの議論がされており、四十歳から六十五歳までさまざまな意見が出されているが、知的障害を持っているという特性から、高齢化対策の検討は、四十歳代から行っていく必要があるのではないかと考える。

4 知的障害者の高齢化に伴う課題

わが国では知的障害者の高齢化問題に対していつ頃から、どのような形で論議が開始されてきたのであろうか。一般的には知的障害をもった人たちの高齢化問題に関し一九七〇年代前半から本格的な論議が開始されたようである。この頃、日本知的障害者愛護協会の全国職員研究大会で初めて高齢者部会が設置されたり、雑誌「愛護」誌上で数回にわたり老化問題の特集が組まれたりしている。この頃から欧米諸国においても、高齢化問題に関しての論議が開始されている。

一九七〇年代半ばから、全国ならびに各地の親の会関係者が、知的障害者の高齢化の問題に強い関心を寄せ始めた。ここで特徴的なのは、最初から親亡き後の問題という形で問題提起がなされたことであり、今日でもこの点は基本的に変化がないと思われている。

一九八〇年代に入ると、知的障害者施設の中の高齢棟、高齢者施設の建設が全国各地で続々と開始された。知的障害者の高齢者問題が論議の段階から実践の段階に進んだ時代であると評価できよう。

一九八〇年代の後半には先進諸外国でもようやく高齢化問題が大きな問題となり、その経過がわが国にも伝えられるようになり実践、研修面で大きな影響を与えだした。

一九九〇年代以降は高齢化社会への動きが急であり、ネットワークの統合の問題が現実味を帯びて語られ始めている。同時に重介護型ケアなど臨床現場でより一層の高齢化問題の進展が確認され、問題の初期の段階での枠組みでは扱いきれなくなり新たな枠組みを模索する動きが強まっている。

一九九〇年代後半ではその点を受けて社会福祉基礎構造改革、介護保険導入など一連の福祉改革が提案され、それらへの対応が急務となった(6)。

さらに二〇〇〇年に入り、厚生省が障害者福祉課内に知的障害者の高齢化対応検討会を設置し、その報告書を提出した。そこでは、高齢化した知的障害者も基本的には地域で生活することが望ましいことなどが指摘されている。また、同年四月、介護保険制度がスタートし、知的障害者に対するサービスと高齢者に対するサービスの整合性が求められるようになった。

今村は、高齢の知的障害者の精神保健について、高齢化に対するマイナス面から考えられる課題を次のようにあげている。

加齢に伴い心身機能の低下が起こることは避けられない。しかし、実は老化それ自体が健康に及ぼす悪影響はさほど大きなものではない事が明らかにされている。高齢者に見られる衰えは何でも老化現象とみなされがちであるが、これらの中には病的な変化とみなすべきものが実は多い。加齢そのものによる変化（老化）と病気や環境の影響による変化をはっきり区別して考えることが大切であるとされている。

知的障害者における早期老化ということが以前から指摘されているが、真の意味での早期老化があるか否かについては、なお疑問の余地があるであろう。知的障害者の場合、ごく一部の人にではあるが中年期から早くも認知症的症状の出現やADLの低下が認められる。この傾向がダウン症において顕著に表れることはよく知られているが、このことをもって早期老化と言うのであればそれには問題がある。これらは真の老化というよりもむしろ病的な変化と考えられるからである。病気や環境の影響で起こる変化は加齢による必然的、不可避的変化ではなく、予防の可能性があるとされている。

年をとるほど精神機能と身体機能の関係が密接になる。身体機能の低下は直接、間接に精神健康に悪影響を与えるとされている。視力や聴力の低下、運動障害などはコミュニケーションや行動に制限をもたらし、さらに不快、いらだち、抑うつなどの情緒障害や欲求不満をもたらすことになる。また高齢者には治療薬の副作用が起こりやすく、薬剤性の精神障害が起こることも多い。高齢の知的障害者はすでに脳障害やコミュニケーション障害、運動障害を持っている場合が多いため、それを悪化させないこと、新たな傷病の発生を予防することが課題となる。すなわち日常的な健康管理と適切なリハビリテーションが重要であるとされている。

加齢に伴い起こる環境上の変化は、精神健康に大きな影響を与えると言われている。例えば社会的交流の減退、親しい人との死別などによって、生活に張りを失い、孤独感や不安、抑うつに悩まされるなどである。刺激の乏しい環境で積極的に頭を使わない生活が長く続くと、一見痴呆を思わせるような精神活動の沈滞を生ずることがある。これは廃用性の精神機能の衰退であり、痴呆とは違うが精神健康上好ましくないことは言うまでもない。使えば使える機能を使わないでいると衰えてしまうのは、精神も身体も同様である。高齢者には身体的にも精神的にも廃用性の衰えが起こりやすい。

知的障害者にとって、環境上の問題で最も影響が大きい要因は、この廃用性によるものであろう。加齢とともに若い頃と同様な活動が維持できないだけでなく、それをそのまま放置することは適当でない。個人個人の能力と健康状態に応じた活動を継続するための援助と、社会性を保持するための援助を重視すべきであろう。

Ⅱ　在宅生活を支える福祉施策

1　在宅の知的障害者に対する福祉施策

わが国の知的障害者のための福祉施策は、昭和二十二年に制定された児童福祉法の中に、知的障害児に関する援護事業として知的障害児施設に関する規定が加えられたことに始まった。児童福祉法により知的障害児施設等が設置され、知的障害児に対して保護、指導の措置がとられた。さらに昭和三十二年には知的障害児通園施設の整備が図られることとなった。しかし、児童福祉法に基づく知的障害児における保護指導は、同法が満十八歳未満の児童を対象としていたため、社会復帰を期待することは困難であり、昭和三十年代になると年齢超過者が増加する傾向が顕著となってきた。このような状況を踏まえ、昭和三十五年に成人の知的障害者を対象とする施設を整備し、児童から成人に至るまで一貫した知的障害に関する援護事業の整備を図ることを目的として、知的障害者福祉法が制定された。

知的障害者に関する援護は、十八歳を境にして児童福祉法と知的障害者福祉法により行われていたが、年齢によって保護指導の体系を別々にすることは、知的障害者の特性から適切でない場合が少なくなかった。このため昭和四十年、従来社会局の所管していた知的障害者福祉法に関する施行事務を児童家庭局へ移し、知的障害者に関する行政が一元化されることとなった。昭和四十二年には、児童福祉法、知的障害者福祉法の改正により、児童福祉施設、成人知的障害者施設の入所措置の年齢制限が緩和され、これによって児童・成人を通じて知的障害者に対する弾力的な福祉の措置を講ずる方途が制度化されることとなった。

このように進められてきた知的障害者福祉施策は、とかく施設施策中心と言うべきものであったが、昭和四十年代からは徐々に在宅施策の重要性が認識されるようになり、保護者のもとで障害児（者）を保護養育している家庭に対する福祉施策が数多く進められ始めた。

平成二年には、知的障害者福祉法及び児童福祉法が改正され、居宅介護等事業（ホームヘルプサービス）、知的障害者通勤寮、知的障害者福祉ホーム、知的障害者地域生活援助事業（グループホーム）、知的障害者相談員が法定化された。また、同時に社会福祉事業法も改正され、居宅介護等事業、短期入所事業（ショートステイ）、心身障害児通園事業（デイサービス）が第二種社会福祉事業に追加されるとともに、知的障害者通勤寮、知的障害者福祉ホームが第一種社会福祉事業として明文化された。

二〇〇〇年には、社会福祉基礎構造改革の流れの中で、利用者の立場に立った社会福祉制度の構築及び社会福祉事業の充実・活性化等の観点から、知的障害者福祉法が一部改正された。そこで初めて、第一条に法律の目的として「知的障害者の自立と社会経済活動への参加の促進」が明記されることになった。そして、知的障害者デイサービスセンター及び知的障害者デイサービス事業が法定化された。同時に社会福祉事業法が社会福祉法に改正され、知的障害者デイサービス事業、知的障害者デイサービスセンターを経営する事業が第二種杜会福祉事業として明文化された。また、二〇〇三年四月からは障害者のための支援費制度もスタートした。

在宅施策については障害児（者）も可能な限り在宅で、あるいは地域で生活できるように社会の諸条件を整備することが、福祉施策の主要な柱であるとされている。このため、従来から障害児通園（デイサービス）事業や心身障害児（者）施設地域療育事業等の地域福祉施策を実施し、ノーマライゼーションの実現に努めている。昭和六十一年度からは、障害児（者）のデイサービス、ショートステイなどの「在宅ケア事業」を充実させるため、障害児通園（デイサービス）事業の国の補助率が従来の三分の一から二分の一に引き上げられ、法律上もその位置づけが明確化された。さらに、ホームヘルプサービスも法定化されるとともに、在宅福祉サービスについて国、県の費用負担規定も設けられた。

このように、知的障害児・者に対する施策は戦後、徐々に整備されるようになってきたが、現在では施設施策中心の福祉から地域福祉、在宅福祉へと移行する傾向があることもあり、ますます知的障害者施策の整備の充実が求められることが考えられる。

2 在宅高齢者に対する福祉施策

わが国の高齢者に対する福祉施策は、一九八〇年代後半の福祉八法改正、社会福祉基礎構造改革を境に、施設から在宅へ、地域へと転換が図られた。

わが国の老人福祉対策は、一九六三年の老人福祉法制定によって積極的な進展を画した。それまでの老人のための施策としては、主として厚生年金保険法や国民年金法の老齢年金給付と生活保護法による養老施設への収容保護等があげられるが、老人福祉法の制定によって、老人福祉の向上を図るための施策が総合的、体系的に推進されることとなった。

老人福祉施策の基本的方向としては、次のようなことがあげられる。健康で生きがいを持ち、安心して生涯を過ごすことのできる明るい長寿福祉社会としていくために、高齢者保健福祉の分野におけるサービスの総合的な整備充実を図っていくことが求められる。さらに、多くの高齢者は身体機能が低下しても可能な限り住み慣れた家庭や地域社会で、安心して家族や隣人と暮らしていくことを望んでいると考えられる。これらの高齢者の在宅生活を支援していくためには、訪問介護（ホームヘルプサービス）などの在宅福祉サービスの充実が求められている。このような高齢者の福祉サービスの一層の充実を図ることが重要とされている。

高齢者保健福祉施策については、「高齢者保健福祉推進十カ年戦略」（ゴールドプラン）及び「新・高齢者保健福祉推進十カ年戦略」（新ゴールドプラン）に基づいて進められてきたところであるが、新ゴールドプランの終了や介護保険法の施行という新たな状況を踏まえ、平成十一年十二月に厚生、大蔵、自治三大臣合意により、「今後五カ年間の高齢者保健福祉施策の方向」（ゴールドプラン21）が策定された。

このプランではまず四つの基本的な目標を掲げ、その実現に向けて施策を展開することとしている。具体的には以下の通りである(7)。

① できる限り多くの高齢者が健康で生きがいを持って社会参加できるよう、活力ある高齢者像を構築する。

② 要援護の高齢者が自立した生活を、尊厳をもって送ることができるよう、また、介護家族への支援が図られるよう、介護サービスの質量両面にわたる確保を目指す。

③ 地域においてこれら高齢者に対する支援体制が整備されるよう、住民相互に支えあう地域社会づくりを進める。

④ 契約によるサービス提供という新たな仕組みが利用者本位のものとして定着するよう、介護サービスの信頼性の確保を図る。

いずれも、介護保険制度を中核としながら、地域において高齢者に対する保健福祉施策を講じる上で基本となるべき重要な目標となるものである。さらに今後取り組むべき具体的施策については、介護サービス基盤の整備とともに、健康・生きがいづくり、介護予防、生活支援対策を進めていくことが重要であるとの観点から、六つの柱立てをして、国、都道府県、市町村等がそれぞれの役割を踏まえ、適切に施策を展開することとしている。六つの柱とは、第一に「介護サービス基盤の整備」、次に「痴呆性高齢者支援対策の推進」、続いて「元気高齢者づくり対策」「地域生活支援体制め整備」「利用者保護と信頼できる介護サービスの育成」、そして最後に「高齢者の保耀福祉を支える社会的基礎の確立」(8)とされている。

ここで、高齢者の生きがい、生活支援対策等に注目してみる。今後とも余暇・自由時間は増大する方向で社会は進展するであろうが、長い老後をどう過ごすかは、個人にとっても、社会にとっても大きな問題となってくる。また、平成十二年度からの介護保制度の導入にあたり、すべての高齢者が生きがいをもって安心して暮らせるように、要介護状態になる前の生きがい、健康づくり対策や生活支援対策が課題となっている。そこで高齢者を対象とした「社会参加・生きがい対策と生涯学習」というような施策も進められている。さらに平成十八年度からは介護予防も導入される。

社会参加とは、高齢者の生活が生きがいのあるものになるための必要なものとして重視されている。老人福祉法の第二条には、「老人は、多年にわたり社会の進展に寄与してきた者として、かつ、豊富な知識と経験を有する者として敬愛されると共に、生きがいをもてる健全で安らかな生活を保障されるものとする」とあり、第三条には、「老人は、老齢に伴って生ずる心身の変化を自覚して、常に心身の健康を保持し、またはその知識と経験を活用して、社会的活動に参加するよう努めるものとする。老人は、その希望と能力に応じ、適当な仕事に従事する機会その他社会的活動に参加する機会を与えられるものとする」と記述されている。わが国における高齢者の社会参加活動の促進施策としては、主に「老人クラブ活動等事業」「高齢者の生きがいと健康づくり推進事業」「高齢者社会参加促進事業」などの事業が行われている。

またわが国においては、総合的な高齢社会対策として一九九五年から施行されている「高齢社会対策基本法」がある。そこでは国が講ずべき高齢社会対策の基本的施策として「就業及び社会参加」「健康及び福祉」「生活環境」などと並んで「学習及び社会参加」があげられている。高齢社会対策基本法に基づいて作成された「高齢社会対策大綱」では「生涯学習社会」の形成を目指すとともに、高齢者の社会参加の促進やボランティア活動の基盤の整備を通じて社会参加の促進をするという基本的な施策方向が示されている。

生きがいとは、自分が生きていることや自分の存在に価値があると思うことであり、幸福感、充実感を伴うものである。高齢期はこうした生きがいが失われやすい時期といわれる。それらは仕事からの引退、配偶者や家族の死、友人の死、子どもの独立などによって、それまで生きがいの源になっていた社会関係を失ったり、弱めたりするからである。したがって、いかに生きがいを保持するかは高齢期の課題であるが、そのためには社会参加とそのための社会的支援が必要であると考えられる。特に仕事から引退した高齢者の場合には、余暇時間が増えることもあり、社会参加は重要になってくる。高齢者の社会参加活動には、高齢者のそれまでの職業能力を活かす活動、ボランティア活動、文化・学習活動、レクリエーション・スポーツ活動、世代間交流など多様なものがある。高齢期における生きがいの創造にとって、生涯学習は極めて重要な意味をもっているといわなければならない。

また、人間関係の希薄化が進む現代社会では、心身機能の低下や、社会的地位・役割の喪失、変化によって生活空間の縮小した高齢者は、社会との接点を失いやすく、引きこもりがちとなって孤独におかれる場合も少なくない。一般的に、社会関係が豊かな高齢者ほど心身の健康が保たれる傾向にあることが知られており、高齢者の社会関係を維持・拡大し、高齢者の孤立や孤独を防ぐことの重要性が指摘されている。

3　在宅で暮らす中高齢期の知的障害者の日中の活動場所

在宅で暮らす中高齢期の知的障害者の昼間活動の中心は、地域作業所あるいは通所授産施設など福祉就労が大部分であると考えられる。実際に福祉就労の場はここ数年だけでも量的には拡大してきている。それでも地域によっては中高齢者を含めて日中の活動の場が少なく、昼間どこにも行き場のない人も少なくないだろう。

渡辺、神戸、平野らは、昼間活動の場がない在宅の知的障害者とその家族の実態を、K市における調査を行い、それを昼間通所や通勤している知的障害者と比較して分析している(9)。その結果、昼間活動の場のない在宅者にはいくつかの特徴が見られると指摘している。すなわち、利用者には自閉症が少なく、知的障害が重度の身体障害者が多い。四十歳以上の人が多く、さらに女性が多い。在宅の主な理由には、適切な施設や就労の場がない、本人が行く気持ちにならない、交通手段がないなどがあげられ、活動の場があれば行きたい、あるいは行かせたいと希望している本人や家族は在宅者の六七%を占めている。

平成七年の精神薄弱児（者）基礎調査及び平成十二年の知的障害児（者）基礎調査では「生活の場に関する暮らしの充実の希望」の調査が行われている。

表5からもわかるように、平成七年、十二年ともに最も多かったのが「老後の生活」であり、老後の生活に

表5 生活の場に関する暮らしの充実の希望

	平成7年 100%	平成12年 100%
通所施設	16.8%	23.7%
作業施設	12.7%	16.1%
働く場所	24.8%	29.4%
入所施設	21.2%	17.5%
グループホーム	15.5%	18.1%
住まいについて	10.5%	9.3%
老後の生活	43.3%	35.1%
レクリエーションの場	15.3%	17.1%
生活環境	8.5%	10.6%
その他	2.3%	2.3%

厚生省「知的障害児（者）基礎調査」（平成7年）
厚生労働省「社会福祉施設等調査」（平成12年）を参考に作成

対する不安を多くの人が抱えていることがわかる。しかし平成七年と十二年の結果を比較すると、「老後の生活」は数値としては減少している。一方、増加しているのは「通所施設」「作業施設」「働く場所」「レクリエーションの場」などである。この結果から、以前は漠然と老後の心配をしていた傾向があったのが、「老後の生活」に加えて徐々に、在宅で生活していくうえでの具体的な活動の場所を求める傾向へと変化しつつあることがうかがえる。

先にも述べたように、知的障害者の日中活動の場は、企業や通所施設、作業所などが中心である。それらの活動は、一日の多くの時間を過ごす場であり、本人の発達を促す活動の場としても、収入を得る場としても、また多様な社会生活を経験する場としても、とても重要である。企業、通所施設、作業所に行っていない在宅の知的障害者の状況についてはこれまで明らかにはされてきていない。しかし、昼間活動の場をもたずに、在宅での生活が中心の人にどのような対応をするかは、今後の地域福祉の展開にとって大きな課題の一つである。

さらに渡辺らは、年齢区分を昼間在宅者群と通所・通勤者群の人数および各群内の比率で比較している。その結果、昼間在宅者群では四十歳以上の比率が高く、通所・通勤者群は二十歳代の若い人が六〇・八％と圧倒的に多い。昼間在宅者には高齢者が多く、また家族の高齢化も予想される。

知的障害児（者）基礎調査では、「地域活動の状況」についての調査も行われている。参加状況では、よく参加する（六・三％）、時々参加する（一八・三％）、ほとんど参加しない（二五・七％）、参加したことはない（四三・一％）、不詳（六・六％）という結果が出ており、十八歳以上の在宅の知的障害者のうち、「ほとんど参加しない」「参加したことはない」が合わせて六八・八％となっている。またそのうち、「場所や機会があれば参加したい」という人は二二・八％、「参加したいとは思わない」という人は三〇・八％という結果が出ている。さらに参加条件では、一緒に行ってくれる人がいれば（二八・六％）、近くで行われていれば（十二・二％）、お知らせがあれば（七・二％）、車で迎えにくれば（六・三％）という結果が出ている。在宅の知的障害者に対して、まず活動の機会や場所を増やすこと、また地域の中の人とのつながりなどから、互いに助け合い、参加できる状況を作っていくことなどが地域活動への参加につながると考えられる。

これらの結果を受け、高齢になった知的障害者が地域生活をおくることに対して、滝本はまず「昼間活動の場を保障することが必要である」(10)と述べている。その考えられる形態としては、以下の三種類の可能性を示している。
① 障害者療育系の昼間活動サービスとして通所授産施設、通所更生施設、デイサービスなどの利用
② 高齢者介護系の昼間活動としてデイサービス、デイケアなどの利用

③その他としての各地域の多様なインフォーマルなサービスの利用

以上のように、日中の活動の場の拡大、充実にむけて、高齢者サービスと障害者サービスそれぞれの充実とともに、両サービスの連携が注目されるであろう。さらに、地域に密着した、地域独自のサービスの充実も、求められるようになることが予想される。

Ⅲ　地域で暮らす知的障害者の生活支援の実態

―地域で豊かに暮らす「行き場」としての活動　青年学級の実践例―

1　知的障害者青年学級におけるインタビュー調査

（1）調査の概要

現在、わが国で急速に高齢化が進んでいることは周知の通りである。その現象は知的障害があったとしても例外ではない。知的障害者は短命であると言われていた時代もあったが、現在では六十～七十歳代の知的障害者も決して少なくはない。

本節では、B市における障害者の青年学級の事例を取り上げ、地域で暮らす知的障害者の生活支援のあり方としての方法を模索したい。

本青年学級の活動がスタートしたのは二十年前のことであり、当時は利用者の多くが養護学校を卒業したばかりの十代の青年たちであった。その彼らも現在は三十歳代になっている。中には四十歳代の利用者もおり、「青年学級」とは言いにくい現状になっている現実がある。

このB市青年学級の事業実施の目的は「長い間社会から隔離されてきたことにより、障害者自身の発達が阻害され、同時に障害者への偏見を生むことにつながってきた。そういった差別や偏見を取り除き、一人の市民として生きていけるよう、当たり前の町をつくっていくこと」とされている。

さらに、当時学校を卒業した障害者は、職場や作業所と家庭を行き来するだけで終ってしまうことが多かったようである。また、働きに出ていない人の多くは日中を在宅で過ごしていた。どちらにとっても休日を有意義に過ごすということが難しく、またそのような活動の場が無いという状況があった。これらのことは同時に地域との接点も失われがちになってしまうという状況を生むことになった。このような在宅で暮らす障害者に対して、地域の一員として地域の中に居場所を作る、互いに育ち合える交流の場を保障するということを目指し青年学級が誕生した。その中で基礎的な生活習慣を身に付けていく、友達をつくっていくということも目標にあげられていった。

それから二十年後の現在、この青年学級に変化がみられ始めている。利用者の平均年齢は上がり、多くの利用者に体力の低下が顕著に現れて始めている。三十歳代を高齢と見るのはまだ早いが、今三十歳代の利用者が十代、二十代の頃の様子と比較すると、また、現在十代、二十代の利用者と比較してみると、身体機能の低下は明らかである。個々の併せ持つ障害や薬の影響もあるかもしれない。しかしあまり動くことのない室内活動でさえ、午前十時に始まり、午後には疲れた様子が見られる利用者が多い。このまま今までのような活動のプログラムを組んでいたら、青年学級という場所は利用者にとって余暇を楽しむ場所ではなくなってしまうおそれもある。活動への参加を辞めてしまうこともあり得るだろう。プログラムについても今後高齢化に対応できるような検討が求められるのではないだろうか。

さらに、プログラムの改善だけでなく、活動の場自体の変化も求められると考える。幅広い年齢層が集まることで問題があれば、青年と老年に分けるなど、高齢になった人だけの活動を作ってもよいかもしれない。また、高齢者のサービスとの統合を考えてもよいかもしれない。今までのもので対応できなくなったときにどうするかということを、今後考えていかなければいけないのではないだろうか。

知的障害者の高齢化の課題はこの青年学級に限ることではなく、入所施設はもちろん、在宅の知的障害者を対象とする通所の施設などでもあげられ始めているだろう。すでに取り組みが始められているところもあるようだが、早急に対応すべき問題として、今後ますます大きな課題になっていくことが予想される。

したがって、これからの青年学級をはじめとする在宅の知的障害者を対象とする日中の活動の場に焦点を当て、今後の利用者の高齢化にむけた対応を探ってみたい。そのために、まずはじめに利用している知的障害者本人の考え、思い、意見を伺う。また、在宅の知的障害者の多くが親や親戚などの支援を必要とし、一緒に生活していることが考えられる。家族としての、高齢化に対する意見も参考にしたい。さらに、日中活動の場での援助者として、今後の対応のあり方、役割などについての意見も重要になると考えられるため、スタッフにも意見を求めた。

当事者および、その家族、支援者の意見を聞くことによって、これから高齢期を迎える知的障害者にとってどのようなサービス、支援が求められているのかを考え、それらを参考に今後の在宅生活を支えるサポートシステムについて考察したい。

(2) 調査対象および方法

現時点ではB市の青年学級はまだ、高齢化という問題に直面しているわけではない。しかしこれから必ず、この問題に取り組まなければならなくなる時は来るであろう。その時が来てからの対応では遅く、今から事前の準備が必要なのではないだろうか。今回インタビューさせて頂いた方々は、二十代、三十代の若い利用者とその親が中心であるが、これから高齢期を迎えるにあたり、その対応を考えていく意味では重要な意見となり得るだろう。

○インタビュー対象者

・利用者二名
・利用者の親三名
・市の青年学級担当の職員三名
・スタッフ（ボランティア）五名

○インタビュー実施日…平成十六年九月二十六日（日）

○場所……市内の体育館

この日は体育館での活動があり、活動前後および、活動中にそれぞれ時間を頂き、インタビューを実施した。利用者、親、職員に対してはすべて個別でのインタビューを行い、スタッフに対しては全員が集まっているところでグループインタビューの形式をとった。インタビューの内容は主に以下の通りである。

・利用者………仕事や青年学級がない日の過ごし方青年学級に来る楽しみは何か将来（年をとった時）の過ごし方（希望）
・親…………十年後、二十年後の予想
十年後、二十年後の青年学級について、利用者本人が高齢になったときに地域に求める施策

・スタッフ……利用者の変化（過去から現在までの比較、今後の予想）、利用者の高齢化に伴い考えられる活動上の問題、課題青年学級として、スタッフとしての役割の変化（過去、現在、未来）

・職員………利用者の変化（過去から現在までの比較、今後の予想）、利用者の高齢化に伴い考えられる活動上の問題、課題青年学級として、職員としての役割の変化（過去、現在、未来）

以上のインタビュー内容に対して、それぞれの考えや意見を聞いた上で、在宅の知的障害者の高齢化に対する課題と対応を考察したい。

（3）調査結果

①利用者へのインタビュー

活動や仕事がない日の過ごし方を聞いたところ、「家で過ごす」「親と出かける」などの意見が返ってきた。つづいてこの活動に来る楽しみは何かと聞くと「いろいろな所に行けること」「いろいろなことができるから」「同年代のスタッフの人たちと話すのが楽しい」などの意見が返ってきた。将来の希望については「できるだけ親に頼らずに生活する」「働きたい」「いろいろな所に出かけたい」などの意見があげられた。

②親へのインタビュー

共通してあげられた意見は「親自身の高齢化への不安」であった。利用者の加齢と同時に起こる親の加齢に伴い、さまざまな問題が出現し始め、生活環境が大きく変化することが予想された。

インタビューはまず始めに十年後、二十年後の状況について考えてもらったが、やはり親自身が高齢になる、または亡くなっているかもしれないということによっての子供の行き場所、生活についての不安があげられた。具体的には、「親としては、自分が元気なうちはできる限り自分で子供を見ていたい」「親の高齢化によって子供を見られなくなったときに、あずけられる施設がほしい」「仕事への送迎や外出についても、いつまで親ができるのかわからない。できなくなったときのことが心配」「親が倒れた時、同時に子供の動きも止まってしまうことが考えられる」など、親の高齢化に対しての不安が示されていた。

十年後二十年後の、青年学級のような日中の活動場所についての質問に対しては、「このような活動場所は今もとても必要であり、これからも必要になってくる」「仕事や作業所とは違い、楽しむ場所、仲間と一緒に楽しめる場所であることが、子供にとっても必要」「家から出て行く場所がないと、親も子もストレスがたまってしまうので、その解消の場になっている」「外に出る機会、行く場所があるということの幸せ」「家と仕事との往復だけの単調な生活に対する変化になる」「親子の関係では見えないことが、見られる場所である」「子供にとっても親にとっても息抜きの場になる」「自由と仲間がある場」など、日中の活動の場の必要性、メリットが多くあげられた。また、「グループホームや、入所施設へのステップとなるような場となってほしい」という意見もあげられた。

今後、高齢化に向けて求められる福祉施策については、やはり親亡き後の生活場所、特に地域でのグループホームを求める意見が多かったが、在宅で生活している限りは、外へ出る機会となる場所が求められているようであった。そのためにも、現在利用している月に二回の青年学級のような活動の場をはじめ、デイサービスや通所の施設の整備などの充実が求められていた。ただし、新しい活動場所を期待するよりも、現在通っている場の拡大、充実を求めているようでもあった。

③ スタッフへのインタビュー

スタッフ歴十年以上の方から、利用者の加齢に伴う変化について聞く事ができた。すなわち「体力の低下が見られる」「送迎している親の高齢化も気になる」「問題を抱えて来る利用者が増えた」などがあげられた。加齢に伴い考えられる活動上の問題、課題についても、「今後ますます体力の低下が考えられ、活動中も健康面での注意がますます欠かせなくなるだろう」「活動の範囲が狭くなるだろう」「個別対応が必要な場面が増え、スタッフの手が多く必要になるだろう」などの予想があげられた。そこでのスタッフとして、青年学級としての役割を考えてもらったところ、「若い頃はただ楽しむための場だったのが、最近では日ごろのストレス、愚痴などを発散できる場になりつつある」「親と離れる場として重要な活動場所になる」「高齢の利用者、体力の低下している利用者のことも視野に入れたプログラム作りが求められる」などの意見があげられた。

④ 職員へのインタビュー

スタッフと同様、職員としても同じような意見があげられたが、市の職員としての視点では次のような事項があげられた。「この活動は、新たな行き場所を見つけるまでの通過点となればよいのではないか」「高齢化に向けての生活を作っていくために、本人や親の意識を高める場所にしていくべきではないか」「地域の居場所づくり、同年代の人達との交流、地域の情報を体験や交流から得てもらいたい」「抱えている問題を解決してあげるのではなく、本人が解決できるような支援体制を整えたい」「場所の提供だけでなく、地域とつなげる役割である」「その都度状況の変化に対応していくつもりである」など、地域支援を視野に入れた意見があげられた。

2 高齢の知的障害者に求められる施策

厚生省（現……厚生労働省）は二〇〇〇年一月に障害福祉課内に知的障害者の高齢化対応検討会を設置し、一年余りの検討を重ね、二〇〇〇年六月に報告書を提出した。報告書の冒頭において、高齢の知的障害者の場合も「地域生活支援」が主軸となることが明確に打ち出されている。すなわち「高齢化した知的障害者については、従来、心身の変化に応じた健康の保持や安定した生活に力点が置かれ、入所施設による処遇を重視する傾向があったが、一定の支援があれば地域生活も可能であり、それがノーマライゼーションの理念にも沿うものである。そのため、今後は地域での主体的な生活の確保を支援する施策を積極的に推進すべきである」(11)とされている。

高齢になった知的障害者が地域生活をおくるための具体的な施策としては、やはりまず日中の活動の場の確保があげられる。インタビュー調査の結果からも、家から外へ出る機会の必要性が多くあげられていた。知的障害があることによって一人で外出することが難しい方などは、特に日常的な外出の機会は少ないと思われる。また、仕事や通所の施設、デイサービスなどに通っていれば活動の機会も増えるであろうが、しかし高齢になるにつれ、加齢に伴う身体機能の低下などにより、日中の活動は徐々に減少していくことが考えられる。これにより、まず、更なる身体機能の低下が予想される。インタビュー調査で多くのスタッフが心配していた肥満傾向や成人病などの病気の心配もあろう。さらに、日中活動することもなく自宅に引きこもるような状態になると、精神的にもストレスがたまるなどの問題が考えられよう。

一方で、日中の活動場所があることのメリットをあげると、人との交流ができること、さまざまな情報が得られること、さまざまな経験ができること、やりがいや生きがいを持つ事ができる可能性があること、生活リズムが整うことなどが考えられ、これらのことからも日中の活動の重要性ははかり知れないと考える。

次に、具体的に日中の活動の場について考えてみたい。在宅で生活している知的障害者が通うことのできる活動の場としては、既存の通所授産施設、通所更生施設、知的障害者のデイサービスなどの場が考えられる。また、高齢になれば高齢者の通所サービスが活用されるであろう。例えば高齢者のデイサービス、デイケアなどである。さらにインフォーマルなサービスとしての地域の中での、障害者の青年学級や各種のサークルなどへの参加も考えられよう。

知的障害者関連施策と高齢者関連施策の両面での活動に加えて、障害者施策と高齢者施策の連携の必要性も出てくることが考えられる。今後在宅の知的障害者において高齢化が顕著になると、高齢の知的障害者に限定して構成される余暇活動のような施策も考えられるのではないだろうか。インタビュー調査を実施した青年学級においても、現在の幅広い年齢層での活動に対して、今後活動内容によっては若年層と高齢層に分けての活動を考えてもよいのではないかという意見もあげられていた。

今回行ったインタビュー調査の結果からも、今後高齢の知的障害者に求められる施策について多くの意見が得られた。今回対象とした利用者は、現在二十代、三十代の若い世代であったため、それぞれ日中は仕事や作業所などの活動の場があり、それらとは別に月に二回、青年学級の活動に参加している状況である。彼らにとって青年学級はとても楽しみな場所であるようである。その理由として、「仲間がいるから」「いろいろな場所に行けるから」などの意見があげられた。これらは、すなわち日常ではあまりできないことができる場所ということが言えるだろう。また親からは「在宅で見られる限り、青年学級へ通わせたい」ということが聞かれた。授産施設、更生施設、デイサービスなどは、どちらかというと個別的な支援を行う場であり、青年学級は仲間との関わりが持てる場である、というように、活動の場としての役割は異なってくるであろう。しかし確実に、青年学級は地域との関わりの場であり、楽しみの場としての役割を果たしていると思われる。

そもそも青年学級は、障害を持った人も同じ地域の一員として支え合い、地域へ出てくる場として始められた。しかし地域へ出る機会を得たにもかかわらず、本人の加齢に伴う身体機能の低下や、親の加齢に伴い送迎が不可能になるなどの理由から、再び家から出られなくなってしまう状況になることも考えられる。人は高齢になるにつれて地域社会への参加の機会が減少する傾向が見られるが、それに知的障害が加わることで、さらに地域へ出る機会を失っている人は多いと考えられる。高齢になっても地域活動への参加が続けられるような環境を整えることも一つの施策であると考える。

先に取り上げたように、高齢者に対する施策の中での「社会参加」「生きがい対策」なども視野に入れ、高齢の知的障害者に対しての施策を積極的に取り入れていくべきではないだろうか。すなわち徐々に整備されつつあるわが国の高齢者施策は、高齢の知的障害者に対しても当然対応すべき内容であると考えられるからである。

高齢の知的障害者が地域においてより充実した生活をおくるためには、知的障害者サービス、高齢者サービス、両者の統合型のサービス等の中から本人が希望する活動場所を自ら選び、参加できることが望ましいと考えられる。そのためにも、選べるだけの施設の整備、高齢の知的障害者に対応できるような質の向上、本人が選ぶことのできる環境づくりなどが求められる。さらに、地域の中での情報の提供、共有と言うものが重要になると考える。いくら施設が整備されていても、質が向上しても、環境が整っていても、その情報を得ることができなければ生活の充実にはつながらない。

また、知的障害者の高齢化を考える場合、ただ高齢の知的障害者のみを対象と考えるのではなく、個人のそれまでの生活史全体に目を向ける必要があるのではないか。すなわち、知的障害者への支援は各年代を断片的にとらえるのではなく、出生から現在までを一つの流れとしてとらえ、高齢期に至るまでの継続的な支援が必要なのではないだろうか。

それらの点を踏まえ、単なる高齢の知的障害者への情報提供方法を考えるのではなく、それ以前からの継続的な情報提供をすすめたい。情報の提供、共有という面では、地域のネットワークの役割は大きいと考えられる。例えば、インタビュー調査の対象とした青年学級では、利用者は市内に住む同年代の障害を持っている仲間や、同年代のボランティア、スタッフとの交流があり、また、親同士の交流もあることから、そこはさまざまな情報が得られる場となっているようである。知的障害者に限らず、人問は多くの人との出会いによって自然に情報を得られていることがある。日常的に外出の機会が減少すると得られる情報も限られてしまう。高齢になるとなおさらその可能性が高まるが、それ以前に若い頃から地域とのつながりを持つことによって、高齢期に移行してからもそのつながりは保てるのではないだろうか。同時に、充実した地域生活を送るための情報を得る機会も保つことができよう。それが多岐に渡るサービスの選択にもつながることになるのではないかと考える。

若い頃から地域との接点を持ち、さまざまな活動の機会において地域の人々との関わりを深めることをきっかけとして、高齢期に入っても引き続きそのつながりの中から情報を得られる機会を持てるのではないだろうか。すなわち、知的障害者の高齢化に対する地域支援としては、若年の頃からの継続的な地域とのつながりによって、高齢期において生活の充実を得られることにつながっていくと考えることから、若い頃からの地域活動への参加を推進すべきであると考える。

【引用文献】


財団法人厚生統計協会『国民の福祉の動向』財団法人厚生統計協会、二〇〇二年、一七九頁。

今村理一『高齢知的障害者の援助・介護マニュアル』財団法人日本知的障害者福祉協会、二〇〇二年、五頁。

岡田喜篤『平成八年度厚生省心身障害研究　障害児（者）施設体系等に関する総合的研究』（三村班『高齢者の処遇に関する研究』）一九九六年、一五一～一七三頁。

知的発達障害者の高齢化に関する研究会『知的発達障害者の高齢化に関する研究報告書』東京都福祉局障害福祉部精神薄弱者福祉課、一九九八年、三～四頁。

滝本豪徳滝本豪徳『知的障害者高齢化問題の新たな展開（Ⅱ）』美作女子大学短期大学紀要　Vol.46、二〇〇一年、美作女子大学短期大学紀要　Vol.46、二〇〇一年、十二頁。

滝本豪徳『知的障害者高齢化問題の新たな展開（Ⅰ）』美作女子大学短期大学紀要　Vol.45、二〇〇〇年、一二頁。

財団法人厚生統計協会、前掲書、一八一頁。

同上書、一八二頁。

渡辺勧持、神戸康秀、平野隆之『地域福祉から見た昼間活動の場がない知的障害者の現状』日本発達障害学会『発達障害研究第二十二巻　第一号』、二〇〇〇年、五七～六四頁。

滝本豪徳、滝本豪徳『知的障害者高齢化問題の新たな展開（Ⅱ）』前掲書、一一頁。

対談

―人生の旅びと、人間―

中川秀恭　山岸　健

一、人間——この不思議な存在者

中川　ハイデッガー（Martin Heidegger 1889-1976）において「人間」は、どういうふうに捉えられておるかですが、彼によりますと、「人間」は、自分が欲したのではないが、この現実の世界の中に投げ出された存在者であります。ですから、そのような在り方から逃げようが無く、それを受け取るほかはありません。それを運命として受けとって、いかにして責任を果たすかということが、人間に課せられた課題だろうと思います。ハイデッガーは、そういう人間の在り方を、被投性（Geworfenheit）といいます。

彼が投げ出されている世界は、日常的世界で、そこに住むのは、「誰でもあるが、誰でもない」人（das Man）であります。

日常的世界は、"das Man"「誰でもない人」が構成しています。そういう世界においては、どんな内容の深いことがらでも一夜にして〝あたりまえのこと〟になってしまいます。そのような世界における人間の在り方をハイデッガーは、「非本来性」（Uneigentlichkeit）と言っています。「非本来的な在り方」ということです。

ところがそういう世界に住んでいる人は、「誰でもない」、しかし何でも引き受けるというような在り方をします。そして私どもの日常の会話の中でも自分の本音を言えば責任が生じますから、それを人に言わせます。「人がこういっている」というふうに言うと、自分の言ったことを「誰でもない人」が言ったことになり、責任を取らなくても済みますし、直接、被害も及ばないというような、そういう「逃げ」の為の方便になります。これは日常的世界においてしばしば用いられる話法であります。

日常的世界に生きる人（das Man）は、誰でもあるが誰でもないという責任を負うことのない在り方をしていますが、時としてそれ自身の存在の深みから、不安、不気味さが湧きあがってくることがあります。

例えば夜、ふと目が覚めたときとか、何か自分で一人になって考えているときに不安の感情に襲われます。一人になって考えているとき、そんな不安な感情に襲われますけれど、それは自分自身の存在の深いところからの呼びかけではないかとハイデッガーは考えます。これは別の言葉でいいますと「人間の良心」の呼びかけであります。良心（Gewissen）の声は、人間の存在の深みから、存在を超えてひびいてきます。その呼びかけに、“das Man”としてのわれわれが回避することなく耳をかたむけますと、本来の自己に直面せざるを得なくなります。本来の自己とは、自分が限りある存在者、死への存在(Sein zum Tode)であることを自覚し、そのような在り方を決意して引き受ける自己のことです。

自分が死ぬという可能性に目覚めることは、死の可能性を先取りすること、言い換えれば、自分の終りという最終の可能性にまで先駆して、その可能性を在るがままに決意して引き受けることであります（先駆的決意性、vorlaufende Entschlossenheit）。ハイデッガーによれば、このことによって人間は己の存在の本来性（Eigentlichkeit）を回復するのであります。

以上、ハイデッガーにおける人間観を、彼の主著『存在と時間』（Sein und Zeit,1927）に基づいてお話ししました。私の解釈によりますと、人間という存在者は、無から出て無に帰っていきます。その短い期間をどのように生きるかが、人間に課せられた課題であります。人（das Man）という在り方をし、責任を負うことなく、楽しく、不安なしにこの期間をすごすか、それとも良心の呼び声に耳を傾けて、己の存在の不可能性という究極の存在可能性を先駆的に引きうけて、本来的に生きるかという可能性のどちらかをえらばねばなりません。

これがハイデッガーにおける人間観の概要であります。無から出て、無におびやかされながら、無に帰っていく有限な存在者、なぜに自分が存在しているのか、なぜに無ではないのか分からぬまま、それにもかかわらず存在する人間、この不思議な存在者が人間ではないでしょうか。

山　岸　非常に感銘深いお話を伺いました。私自身は社会学を学んできましたが、ある時点から私自身ハイデッガーの哲学に非常に強く心を惹かれておりました。とくにハイデッガーの哲学の中で、先生がただいまお話くださった〝das Man〟という人間像は、社会学を学ぶ人びとにとってきわめて重要な意味を持っており、このような人間像には特別な関心を抱いておりました。ハイデッガーにおいては、世界―内―存在という言葉が姿を見せておりますが、先生がお話くださったハイデッガーの人間観に注目したいと思います。

二、死の実存的理解

中　川　昭和二十二(一九四七)年、東北大学の非常勤講師をしていた私は、北海道大学に新設された法文学部の宗教学担任助教授として赴任、妻、時代は私より一年おくれて、北海道大学予科助教授として着任、やがて教育学部の心理学担任助教授に任ぜられました。彼女は、津田塾大学を卒業後、東北大学法文学部に入学、千葉胤成教授のもとで発達心理学を専攻しました。

昭和二十五年（一九五〇）年、私は米国聖公会（Episcopal Church of U.S.A）の奨学金によって、アメリカのイエール大学に留学、大学院において、エリッヒ・ディンクラー教授（Prof. Erich Dinkler）指導のもとに新約聖書学を専攻、Ph.D. の学位をめざして研究、論文執筆の資格を得るための最終試験の準備をしておりました。昭和二十八（一九五三）年一月下旬、妻が脳溢血で倒れたとの電報着、数日後に亡くなったとの知らせを受けました。そこで大学当局の計らいによって、最終試験を口頭試問の形でやっていただいて帰国しました。学位論文は日本で書き、イエール大学へ送り、Ph.D. の学位を授与されました。

彼女は、東北大学在学中、伊達正宗ゆかりの松島・瑞巌寺の松原盤龍老師のもとで坐禅にはげみ、進歩に著しいものがあったようです。

イエール大学に留学中、死の問題について手紙をやりとりしたことがありますが、妻の手紙の一部をご紹介します。

死に関しては、坐禅をした頃の気持ちがやはり基調になっているようです。一切の自然の道にしたがって人間も生死の道を経てゆく。そして一握りの土となってしまう。そういうことに関しては、何ら疑いももたず、またそのことについて人間だけが別だという人間としての特権も感じられません。天国において永生を得るということも私には実感でありません。ただ一握りの土、ただ一片の骨と化すこと、そして自己はそこに終るということも自明の理として疑いません。同時にその自明のことに悩み、絶望する人間性をも強く肯定します。それはちょうど研二(次男)(1)の肉体が疫痢菌との戦いにもだえ苦しみ、なおかつ生きようとして倒れたあの姿、カミュの「ペスト」の中に見られる生命の戦いと同じものです。しかもなおかつ生きなければならないという時に——すなわち人間が規定された目標のない生きようとする意欲をもった欠如体である時に、意欲の目標を神への思慕におく時に信仰的人間となると思います。神のみはアブソリュートなヴァレンスを持ち給うからでありましょう。欠如体系である人間にはあらゆる段階の誘意性(ヴァレンス)があり、それらはすべて最高のもの、「神」のヴァレンスに従属しつつ日常生活を織りなして行くのです。これらのダイナミックな力は絶えずうごいていますから、永遠性に安住することもできないし、絶望に沈潜しきることもできない。その間を浮動しているのではないでしょうか。そして私は今度の入院(2)の経験で得たことですが、この人間性を否定し、人間を拒んだならば神は私から遠ざかり給うということです。私が神を求めて絶望の底にあえいだ時に私を救った、あるいは私の魂の崩壊を支えたものは奇蹟的な神の手ではなくて、きわめて単純な人間的な同情と理解の同感でした。処置でも、教えでもなく、説教でもなく、一緒にその苦しみを感じてくれたごくありふれた人間の言葉でした。その時に私は福音を信じ、イエス・キリストがあがない主であることがわかりました。われらのとりなしであることがわかりました。神学的にむずかしいことはわかりませんけれど、本も読めない何ものも外から得られない今の私の実感です。私は人間的な一切のものを拒んだら神への道はないと思います。そして私たちは欠如体系であるから神であることはできません。しかし欠如体系であるから神なしではあり得ません。しかもこの関係はキリストを場としてはじめて可能なのだと思います。この体験から私は人間の世界に今までよりもっと違った愛情をもって接近して来たようです。そして自分個人の死はある時には(瞬間的には)虚無でありながら絶望ではないことがあります。そういう瞬間をいつも保持することはできませんけれど。私の言いたいことはとても言いつくせません。

では元気で勉強して下さいね。私も元気になって生きていきましょう。

多くの私たちに好意を示してくれる人達に祝福を祈って下さい。

一九五一年八月三一日

秀恭様

時代

「永遠性に安住することもできないし、絶望に沈潜しきることもできない」。この文章は、人間の在り方をよく捉えていると思います。「そして自分個人の死はある時には（瞬間的には）虚無でありながら絶望ではないことがあります」。そういう状況のただ中にある彼女に希望を与えたのは、処置でも説教でもなく、彼女の苦しみを共に苦しみ、なぐさめの言葉をかけてくれた普通の人びとでした。彼女はこれらの人びとにおいてイエスに出会ったのだと思います。神への道がひらかれたのです。

山岸　生と死を直視した生活と生存の深い感情と宗教的世界観がはっきりとうかがわれる言葉によって、強く心が動かされます。人間の生存と人間についての理解が促されるような言葉に触れさせていただきました。

三、愛について──キリスト教の場合

中川　それでは愛についてお話ししましょう。

キリスト教の場合、愛はどういうふうに捉えられているか、ご紹介したいと思います。イエスは、キリスト教的

人間の原型「ウア・ティプス」として捉えられているという一面があると思います。彼によって人間の新しい在り方、つまり愛という在り方をする新しい人間像が示され、かつ可能とされたと思います。

新約聖書（一九五四年改訳日本聖書協会）のマタイによる福音書（五―七章）に山上の垂訓という箇所があります。イエスはその中で、モーセの十戒と対比させて新しい倫理を述べています。「昔の人びとに『殺すな。殺す者は裁判を受けねばならない』と言われていたことは、あなた方の聞いているところである。しかし、私はあなたがたに言う。兄弟に対して怒るものはだれでも裁判を受けねばならない」（マタイ五・二一―二二）。「『姦淫するな』と言われていたことは、あなたがたの聞いているところである。しかし、わたしはあなたがたに言う。だれでも、情慾をいだいて女を見る者は、心の中ですでに姦淫をしたのであると」（マタイ五・二七―二八）。

イエスはこうして他律的な律法を内面化し、自律的な倫理としたのであります。

同じ垂訓のなかで、イエスは次のように言っています。「何事でも人びとからしてほしいと望むことは、人びとにもその通りにせよ」（マタイ七・一二）。この言葉を日本の社会倫理と対比するとその意味がよく分かります。日本では親が子供に「人さまに迷惑をかけるな」とくりかえし教えます。このことは裏を返せば、「人に迷惑をかけないが、人から迷惑をかけられたくない」ということですから、困っている人がいても、迷惑をかけられたくないということで、かかわりを拒否するということになります。イエスはこれとは逆のことを教えます。「何事でも人びとからしてほしいと望むことは、人びとにもそのとおりにせよ」消極的社会倫理に対する積極的社会倫理ということができましょう。このような倫理の根底に在るのが、愛であります。

「愛する者たちよ。わたしたちは互いに愛し合おうではないか。愛は神から出たものなのである。すべて愛する者は、神から生まれた者であって、神を知っている。愛さない者は、神を知らない。神は愛である。神はそのひとり子を世につかわし、彼によって、わたしたちを生きるようにしてくださった。それによって、わたしたちに対する神の愛が明らかにされたのである。わたしたちが神を愛したのではなく、神がわたしたちを愛して下さって、わたしたちの罪のためにあがないの供えものとして、御子をおつかわしになった。ここに愛がある」（ヨハネの第一の手紙四・七—一〇）。

病床に在って死に直面し、永遠性に安住することも、絶望に沈着することもできず、その間を浮動していた妻に、慰めと希望を与えたのは、ごくありふれたれた人びとの慰めの言葉でした。彼女はそのような共感の言葉においてイエスに出会い、神への道を見い出したのでした。苦悩を共にするという愛の行為が、イエスにおいて神と出会う道をひらくのではないでしょうか。

ところでユダヤ教の学者や教法師たちから見ると、イエスはユダヤ教とは異なる教えを教えて、社会を混乱におとし入れる危険な人物でありますから、排除しなければなりません。そこでイエスを捕らえて、十字架にかけて殺しました。マルコによる福音書は、イエスの最後の模様を次のように述べています。「イエスを十字架につけたのは朝の九時頃であった。…ひるの十二時になると、全地は暗くなって、三時に及んだ。そして三時にイエスは大声で『エロイ、エロイ、ラマ・サバタニ』と叫ばれた。それは『わが神、わが神、どうしてわたしをお見捨てになったのですか』という意味である。……イエスは声高く呼んで、ついに息をひきとられた」（一五・二五—三七）。イエスの叫びを人間的に受けとれば、絶望の叫びであります。イエスを十字架から救いおろす神の奇跡は起りませんでした。イエスは、しかし、絶望的な境地の中でも神への信頼を失いませんでした。「わが神、わが神」という神へのうったえが、このことを示しています。それは人間的絶望のさ中にあって、それにもかかわらず神を信頼していることを表明しています。神はそれに応えて、イエスを三日目に蘇らせました。当時の弟子たちはそう信じました。

イエスのこの出来事は、人間に対する神の愛の行為であり、自分はこのように汝らを愛している。汝らは何と応えるか、との呼びかけであります。人間はそれに応えなければなりません。ルカによる福音書に「善きサマリア人の話し」（一〇・二五―三七）がありますが、神の愛に応える人間のふるまい方が示されていると思います。

山岸　キリスト教を基盤または背景として、キリスト者でいらっしゃる先生のこれまでの信仰、また、キリストとの対話を踏まえて、意義深いお話を拝聴しましたが、キリスト教の倫理の黄金律を中川先生がどのように見い出されたのかということに注目して、キリスト教思想の非常に深い根底、限りなく深い背景について私どもは改めて学ばなければならないと思います。

中川　これまでお話ししたキリスト教における愛の実践は、むずかしいということです。人間にはできないことを行えと言われるわけです。結局のところ、神に己れの無力を告白して、許しを乞いながら努めるほかないのではないでしょうか。人間にとって許しがないと、愛の実践はむずかしいと思います。

私は少年時代「いけずの大将」と言われた腕白小僧で、悪いことは一通り何でもしました。学校ではしょっちゅう廊下に立たされたり、校長先生に呼びつけられてしかられたりしました。勉強はしませんでしたが、授業へはちゃんと出ました。そういう手におえない「いけず」でしたが、両親から「説教」されたことは一度もありませんでした。これは父母が亡くなったずっと後のことですが、妹（故人）から母がこう話していたと聞かされたことがありました。「秀恭はいたずらばかりしているが、男の子というものはある年齢になると生まれ変わったようになるものです。私はそれを待ちながら、秀恭を見守っているのです、云々」人間は自分を限りなく許し、受け入れてくれる人が居ることが必要ではないでしょうか。そして、そのような人において神と出会うのではないのでしょうか。

四、現代という時代における人間

中川　今、世の中はIT化によって大変便利になってきたとは言いますけれども、今の人間は、実はバーチャル・リアリティ、つまり仮想現実の世界にだんだん深入りをして生きてるんじゃないかと思います。その世界は、人間が生身の人間性を失って記号化されたような世界です。

假想現実（virtual reality）は、日常経験的な現実の本質的な構成要素をコンピュータ技術によって図像化したもので、それによって日常経験的世界を説明したり、操作、処理したりすることができますし、科学的な研究や技術の分野における補助手段としての効用は、きわめて大なるものがあります。反面、假想現実の世界に閉じこもると、深刻な負の効果が生じるのではないでしょうか。

仮想マドンナ（virtual madonna）という言葉を聞くことがあります。それは古今東西の美人の粋を集めたマドンナをコンピュータ画像で作り、それを操作して楽しむというものであります。このようなマドンナに魅せられた人は、実在する女性には関心を示さず、部屋に閉じこもって、一人でマドンナとのコミュニケーションにふけるでしょう。なぜなら、彼が日常的世界で出会う女性は、完全な美の体現者であるには程遠く、いろいろな欠点やくせをもち、他者として彼に抵抗するからであります。しかし、ひとたび自分の孤独な世界に帰ると、彼は王者としてふるまい、画面のマドンナをキー一つで自由に、思うままにあやつることができます。こうして、一人の「王」が影をもたない、透明なマドンナを「臣下」として支配するという構図ができあがります。彼は「假想王国」における「絶対的主権者」ですから、日常的現実の世界に出ることを嫌い、おそれるようになるでありましょう。なぜなら、彼はそこではさまざまな共同体の構成員として、つまり相対的・有限的な存在者として、責任を負わねばならないからであります。

このことは、一個の仮想マドンナの場合にかぎらず、大勢の人間や動物、自然を相手にする場合にも起るでありましょう。情報化の時代には、われわれの生活は、便利に、快適に、豊かになるでしょうが、このような影のない、透明人間が作られる可能性があります。

仮想現実の世界に生きる人間にとっては、すべてのことが許されています。コンピュータのキーを正確におし、ゲームの規則を守れば、何でもできます。マドンナに何をしても自由ですし、戦闘ゲームで大量破壊をしたり、何万人の兵隊を殺してもかまいません。実際には誰も死なないからです。このことは、すべてのことが許されており、ゲームであり、意味をもっていないことを示す指標であります。このような世界に生きる人間は、今日のニヒリズム的精神状態を示しているのではないでしょうか。

山　岸　仮想現実や意味の喪失というところは、私にとっても非常に気にかかるモチーフです。ティーリッヒは、「人間は意味の中で生きている」といいます。意味と人間の深い関わり合いが指摘されております。特に哲学や文学などの分野では、人間と意味の非常に深い関係、人間の実存、不条理などについての指摘がおこなわれております。

またハイデッガーが言及している言葉ですが、故郷喪失という言葉があります。これら一連の言葉を深く理解しようとすると、現代の時代状況と現代のさまざまな社会的現実、現代の親子関係、家族生活、家族の生活環境、家庭環境などに注目しないわけにはいきません。IT化にかかわる問題がさまざまな状態で姿を見せております。

科学技術がすすんで文明が加速度的に高度に進歩している状況であれば、なおさら人間としてのアイデンティティ、あるいは人間が人間そのものであるということ、それから人生の日々をどのように生き生きと希望を抱きながら生きていくかということ、そして生きることのすべてが人間と人間との関わりの中で、さまざまな生活の場において成し遂げられていくのだということが、一層、注目される大切な課題になります。先生がご指摘になられたバーチャル・リアリティ、という一つの日常的な現実、それから人間が記号化された存在になりつつあるのではないかということ、意味喪失の状況などは、故郷喪失というようなところにまで繋がるのかと思われます。人間と人間関係、人びとがそこで生きている日常的世界、変わりゆく時代と時代状況、そのようなことをこれから私たちは、教育や研究の場面で、また、一市民としての生活の舞台で一層深く真剣に考えて参りたいと思います。

中　川　今、故郷喪失とおっしゃいましたが、ハイデッガーによれば自分の存在の根元への立ち返りは、帰郷(Heimkehr)に他なりません。そして人(das Man)の世界における人間は、故郷喪失という在り方をしています。問題は帰郷、すなわち己の存在の根元への立ち返りです。

山　岸　中川先生のお話を伺うことを非常に楽しみにしておりました。大学の教室で私が学生に配布したものですが、「野の道」(3)というハイデッガーの言葉があります。

彼のつぎのような言葉に特に注目したいと思います。

現代の人々は、ますます野の道の言葉に耳をとじようとする、そうした危険が迫りつつある。彼らの耳に心地よく響くのは、今はただ機械の騒音のみであり、機械を彼らは神の声と見倣すのである。かくて人間の心は散乱し、道は失われる。心の散乱せる人びとにとっては、単純なるものは単調なるものとしか映じない。単調なるものは倦怠を催おさせる。倦怠にいらだつ人は、ただ一様なるものを見いだすのみである。かくて単純なるものは逃れ去った。単純なるものの静かなる力は涸れはてた。(3)

山　岸　この「野の道」は、もちろんハイデッガーの故郷の野の道ですが、内容がとても豊かですね。

中　川　そうですね。「野の道」に言われている「機械の騒音」は、ハイデッガーにとってはワープロを打つ音かも知れません。

山　岸　そうですね。現代であればまさにそうですね。示唆に富む非常に内容豊かなもので、味わって読みたい文章ではないかと感じております。対談のスタートでハイデッガーが姿を見せておりましたが、中川先生のお話を静かに拝聴させていただいた、感謝の気持ちを持って、ここに、ハイデッガーを紹介させていただきました。ありがとうございます。

中　川　ハイデッガーは、永遠の旅人であったと思います。この旅は不思議なことに出発地点にもどる旅、帰郷の旅です。

山　岸　循環しているんですか。そうですね。

中　川　はるか向こうに行くかと思ったら、実は元の原点にもどるという形でしょうか。その途上にあるという在り方が人間でしょうか。この文章はよくそういうことを表していると思います。

山　岸　スタートして「野の道」を歩みながら、一回りして、また、出発点に戻って来る。

中　川　そうです。でないと故郷喪失でね、もとへ帰れなくなってしまいます（笑）。

山　岸　ああ、帰れなくなってしまう（笑）。人間のアイデンティティがどのようにして育まれていくかということが気がかりですが、故郷喪失、意味喪失という状況が生まれているとすれば大きな問題だと思います。

それにしても故郷という言葉は、非常に懐かしくも意義深い言葉です。それでは先生、生まれ故郷について一言お話いただければと思います。

中　川　私は明治四十一年、一九〇八年に、島根県の隠岐という孤島に生まれました。両親の家は、先祖代々庄屋をしていたと聞いています。隠岐水軍の長をやっていたとも言われています。一種の海賊ですね。通る船からお金をとりたてていたみたいです。それで後醍醐天皇を船で本土へお送りした、という言い伝えがあって。私の母親は、大変な意気込みで後醍醐天皇のお話をしてくれました。後鳥羽上皇は後醍醐天皇より前の方ですが、承久の乱で破れて隠岐へ流され、十九年間そこで過ごされました。当時は思いの外、都との交通があったらしく、隠岐にいながら新古今集の隠岐版をご自分で選定されました。上皇ご存命中、身辺のお世話をしたのは、村の長者、村上助九郎で、上皇がお亡くなりになった後は、ご火葬塚の塚守として、今日にいたるまで七百年近くお仕えしています。私はそういう言い伝えを繰り返し聞きながら育ちました。両親は私に一度も「説教」したことがなく、自由に、のびのびと腕白をし、「いけずの大将」と呼ばれました。もちろん勉強はしませんでしたが、学校へはちゃんと出ました。

こんな「いけずの大将」にも転機が訪れました。小学校五年生の時、作文（当時は綴り方と呼ばれていました）の時間に、担任の先生が私の作文の出来が良かったということで、クラスで読みあげてほめてくださいました。それを聞いて、私のような腕白でもほめられることがあるのかとうれしくなり、それから勉強に熱中するようになりました。

中　川　当時、島の少年達の進学コースは県庁所在地・松江にある中学校に進学、旧制松江高等学校を経て帝国大学へ行くか、中学校から専門学校か早・慶などの私立大学へ入るかでした。

私は松江の中学校へ入りたがったのですが、家が貧しくて、その願いはかないませんでした。その頃、父は神官、母は小売業などをしていました。

折よく、島に商船学校（正確には島根県立商船水産学校航海科）が開設されましたので、小学校高等科を卒業して、この学校へ入学しました。海はあまり好きではありませんでした。

商船学校は、三年間の座学、三年間の練習科の二課程から成っていました。練習科では、まず呉の海兵団に入り、海軍予備練習生という資格で海軍軍事学を学び、三ヵ月の課程を終えます。これは戦時のことを考慮した政策で、いったん事があった場合、商船学校の卒業生は、海軍予備軍人として招集され、前線に出動することになっていたのです。

海兵団での学習を終えると、練習船（帆をたくさんつけた帆船）に乗って、「船乗り魂」をきたえ（九ヵ月）、それを終えて、練習生として、私の場合、日本郵船会社の外国航路線に乗り、船の操縦などを見習いました。オーストラリア、米国、欧州の各港へ参りました。

これらすべての課程を終えて、国の試験を受けて高等船員の資格を取得、日本郵船に採用され、外国航路線に勤務しました。やがて欧州航路船に勤務すること

となり、片道約二ヵ月かかる英国のリバプール港へ往復しました。船がリバプールへ着くと、対岸のバーケンヘッドに住んでいた、英国國教会（The Church of England）の宣教師として日本に滞在したことのあるミス・エドミーズという婦人の宅から使いの人が来て私たちを招いてくれました。何人かの同僚とお宅へうかがい、讃美歌をうたったり、聖書の話をきいたり、ご馳走になったりしました。二年近く同航路に勤務しましたから、五、六回はお宅へうかがったように思います。

これが最後の航海というときに、お別れの挨拶をしましたところ、ジョン・バニヤンの『天路歴程』（John Bunyan,1628-88. Pilgrim's Progress）という美しい絵入りの書物をいただきました。帰りの航海中にそれを読んで感動した私は、牧師になろうと決心。日本郵船を辞し、立教大学の予科へ入学しました。昭和七年のことでし

た。私の所属する日本聖公会の牧師になるには、この教会と関係の深い立教大学の宗教学科、神学校を経て資格をとる必要があったのです。立教大学では、おそすぎた青春を謳歌しました。

やがて気づいたことがあります。それは牧師は神学をおさめるだけではなく、教会の信徒の世話(牧会)をしなければならないということでした。こうして、牧師への道を進むのをあきらめて、哲学を専攻することにしました。それにはどこかの帝国大学へ入って、ちゃんと勉強しなければならないと思い、私立大学の予科修了者を受けいれてくれる大学はないかと調べました。ありました。東北帝大と九州帝大でした。実は日本郵船の外国航路船に勤務中、その船に文庫があり、文芸、思想を中心に二、三千冊の蔵書がありました。波多野精一の『西洋哲学史要』、阿部次郎の『地獄の征服』、石原謙の『宗教哲学』などを手当たり次第に読みました。阿部、石原先生は、東北大学に居られましたので、迷うことなく東北大学へ進むこととし、受験の結果、入学を許可され、法文学部哲学科で楽しく勉強しました。卒業論文は「ヘーゲルの弁証法」についてでした。

やがて、昭和十六年十二月、大平洋戦争が勃発、大学の助手をしていた私は、かねて海軍予備役に編入されていましたので、いつ招集令状が来るかと準備をしていましたが、来ませんでした。しかし、学生をつれて飛行機製作所へ行って、戦闘機づくりを手伝ったり、飛行場の造成をするなど、銃後の務めは果たしました。

昭和二十二年、北海道帝国大学に新設された法文学部の宗教学担任助教授として赴任、教授となり、文学部長、教養部長を歴任、その間、北米のイエール大学へ留学、昭和四十二年北海道教育大学長、昭和四十六年国際基督教大学教授に就任、大学院部長、学務副学長、学長を歴任、昭和六十二年大妻女子大学理事長(平成十五年五月まで)、同学長(平成十二年三月まで)を務めて、今日にいたっております。現在は誠美学園の理事長をしています。

山　岸　今日のお話は、ある港から船出して旅をされて、そしてまた港にお戻りになるということで見事な完結した状態でのお話でした。

中　川　そうですね、長い旅をして、やっと故郷に帰ってきた、母港にもどってきたという感じですね。

山　岸　そうですね。母港にもどられたという、印象深いお話です。

中　川　比較文化学部の初代学部長、斉藤恵子先生は、私が大学を辞めた時に手紙をよこされました。手紙には、私の書物を読んでいると、大洋を航海する軍艦の艦長のようなイメージが浮かぶそうです。母港を出て、一世紀近い長旅をして母港へ戻る、そういう旅かもしれませんね。

山　岸　ハイデッガーは故郷に深い関心を抱いておりましたが、私たちにとっては、故郷と支えになるもの、よりどころ、慰めとなるものがどうしても必要かと思います。さきほどの、ＩＴをめぐる先生のご見解、私も全く賛成です。

中　川　ただそれに流されて先端的なことを競うだけでは、やっぱり人間の課題が放置されたままになります。故郷に戻れなくなります。

山　岸　そうですね。漂流するわけにはいきませんから。

中　川　そうです。私は、故郷を忘れずに戻ってきた。いまや、あの出発した母港が目の前に見えて、次第に近づきつつある。旅の終りが近いです。

山　岸　それにしても見事な心に残るラストシーンを体験させていただきました。まことにありがとうございます。

【註】

(1) 研二は中川夫妻の次男で、戦争が終わって間もなく、疫痢になり、亡くなったという。

(2) これは夫人が高血圧で眼底出血になり、北海道大学附属病院に入院していたことをいう。

(3) マルティン・ハイデッガー『野の道、ヘーベル、家の友（ハイデッガー選集8）』　高坂正顕、辻村公一共訳、理想社、一九四九年、九頁、野の道。

【編著者】

小池　妙子

山岸　健

【著者】

中川　秀恭	誠美学園理事長
山岸　健	大妻女子大学人間関係学部教授
小池　妙子	大妻女子大学人間関係学部教授
佐藤　富士子	大妻女子大学人間関係学部助教授
是枝　祥子	大妻女子大学人間関係学部教授
丹野　真紀子	大妻女子大学人間関係学部専任講師
藏野　ともみ	大妻女子大学人間関係学部助教授

人間福祉とケアの世界

－人間関係／人間の生活と生存－

2005年　9月　15　日　　第1版第1刷発行

編著者　小池妙子　山岸　健

発行者　高　橋　　考

発行所　三　和　書　籍

〒112-0013　東京都文京区音羽2-2-2

TEL 03-5395-4630　FAX 03-5395-4632

sanwa@sanwa-co.com

http://www.sanwa-co.com/

印刷所／製本　新灯印刷株式会社

ISBN4-916037-86-3C3036